국민 KOOKMIN KOREAN 한국어 2-1

국민대학교 국제교육원 한국어교육센터 편

국민대학교 출판부

국민 KOOKMIN KOREAN
한국어 2
국민대학교 국제교육원 한국어교육센터 편

초 판 1 쇄 2016년 09월 20일
초 판 2 쇄 2018년 04월 30일
초 판 3 쇄 2020년 10월 30일
초 판 4 쇄 2023년 03월 03일
초 판 5 쇄 2026년 01월 30일

편 집 인 국민대학교 국제교육원
집 필 진 정연희, 박근영, 강보미, 노미연, 윤보은
감 수 이동은, 김호정

발 행 인 정승렬
발 행 처 국민대학교 출판부
등 록 1975년 6월 17일 제6-33호
주 소 서울특별시 성북구 정릉로 77
전 화 02-910-4242
팩 스 02-910-4240

인 쇄 삼아인쇄사
전 화 02-2272-2126
사 진 박시영
삽 화 유찬울
녹 음 (주)예성미디어
성 우 전광주, 한신정
번 역 중국어 : 이설화 영어 : 윤상석

2-1 ISBN 978-89-7812-377-8
2-2 ISBN 978-89-7812-378-5
세트 ISBN 978-89-7812-376-1 (전 2권)

값 21,500원 (세트 43,000원)

☆ mp3 음원은 국민대학교 한국어교육센터(https://iie.kookmin.ac.kr/ko/main)에서 다운로드할 수 있습니다.
☆ 사진 촬영에 협조해 주신 국민대학교 한국어교육센터 학생과 학부 학생에게 감사를 드립니다.
☆ 사진 게재를 허락해 주신 성북구청 건축과(p.126), 서울도서관(p.286), PMC PRODUCTION(p.319, p.324), 중앙 119구조대(p.391) 관계자분께 감사를 드립니다.

머리말

2016년 현재 한국어는 사용 인구 13위의 세계적인 중심 언어로 급성장하고 있으며, 한글과 더불어 한국을 알리는 매우 중요한 역할을 수행하고 있습니다. 이러한 맥락에서 한국어의 위상은 전 세계적인 한국어와 한국 문화의 학습 열풍과 함께 앞으로도 한층 높아질 것으로 전망합니다.

국민대학교는 2002년 3월부터 외국인을 위한 한국어교육을 시작했으며, 2016년 9월 기준으로, 세계 35개국 언어문화권의 학습자들이 다양한 목적으로 한국어를 배우고 있습니다. 이렇게 날로 증가하는 외국인 학습자들의 다변화된 요구를 반영하려는 노력의 일환으로 2012년 '국민한국어1'을 개발하였고, 이제 '국민한국어2'를 개발하게 되었습니다.

'국민한국어2'에는 그간 국민대학교 한국어교육센터가 축적해 온 교수법 및 교육 자료의 연구·개발 성과가 오롯이 담겨 있습니다. 이 교재는 다음과 같은 특성을 지닙니다.
첫째, 학습자가 접할 수 있는 실제적인 상황과 주제를 선정하였고, 다채로운 시각적 자료를 제공하여 학습자들이 흥미를 가질 수 있도록 교재를 구성하였습니다.
둘째, 본 교재는 말하기 능력을 중심으로 읽기, 듣기, 쓰기 능력을 균형적으로 향상시키기 위한 교재입니다. 다양하고 재미있는 활동 중심의 문법, 어휘 및 표현의 연습을 통해 실세계에서 구현될 수 있도록 구성하였습니다.
셋째, 교수자와 학습자를 고려하여 교수·학습이 편리하도록 단원을 구성하였습니다. 특히 이 책은 초급 한국어 학습자의 편의를 위해 대화, 문법 설명에 대한 영어와 중국어 번역을 붙였습니다. 이로써 학습자들은 교실에서뿐만 아니라 혼자서도 쉽게 한국어를 공부할 수 있을 것입니다.

'국민한국어2'를 출간하면서 감사해야 할 분들이 참으로 많습니다. 우선 이 교재의 연구, 개발에 무한한 열정을 쏟아 주신 한국어교육센터의 교재연구개발팀에게 깊은 감사를 드립니다. 그리고 삽화와 사진을 맡아 교재를 예쁘게 꾸며 주신 분들, CD 제작에 도움을 주신 예성미디어 관계자 여러분, 교재 내용 검토와 교정에 수고해 주신 한국어교육센터 선생님들, 번역과 감수를 맡아 주신 여러 교수님들께도 감사를 드립니다. 편집과 출판을 맡아 책을 아름답게 꾸며 주신 국민대학교 출판부에도 감사를 드리고 싶습니다. 또한 교재 제작 전 과정에서 아낌없는 지원을 해 주신 한국어교육센터의 행정팀과 국민대학교 총장님께도 깊은 감사를 드립니다.

앞으로 '국민한국어2'를 통해 더 많은 학습자들이 한국어를 쉽고 재미있게 배우고, 많은 한국어 교육자들의 관심과 열정을 불러일으켜 더 효과적으로 한국어를 가르칠 수 있기를 바랍니다. 아울러 이 교재가 한국어교육 발전사에 의미 있는 기여를 하게 되기를 기원합니다.

2016년 9월

국민대학교 국제교육원장 윤경우

교재 구성과 사용법

The structure of this textbook and how to use it

〈국민한국어2〉는 한국어를 200시간 정도 배운 초급 학습자를 위한 교재로 학습자들이 쉽게 접할 수 있는 일상생활 및 공공시설 이용에 필요한 표현을 배움으로써 의사소통 능력을 향상시키는 데 그 목적이 있다.

<Kookmin Korean 2> is designed for beginning level students who have learned Korean for about 200 hours. The purpose of this textbook is to improve the communication ability of beginning level learners when they encounter common situations in everyday life, and when they use public facilities.

본 교재는 다음과 같은 특징이 있다.
This textbook has the following characteristics.

- **다양한 연습과 활동을 통해 말하기, 읽기, 듣기, 쓰기 능력을 골고루 기를 수 있도록 하였다.**
  We anticipate that students will develop their speaking, reading, listening, and writing abilities in a balanced way, through a variety of practice sessions and activities.
- **교수자와 학습자가 교수·학습이 편리하도록 교사들이 실제 수업을 진행하는 순서로 단원을 구성하였다.**
  We constructed lessons that would follow the actual order of the class sessions in order to make teaching and learning convenient for both teachers and students.
- **학습자들이 흥미를 가질 수 있도록 다양한 시각적 자료를 제공하여 교재를 구성하였다.**
  We designed this textbook providing a variety of visual materials to promote student engagement.
- **이 교재는 총 36과로 한 급을 200시간 공부하는 기관에서 4시간에 1과를 공부할 수 있도록 구성하였다.**
  This textbook is composed of 36 lessons and each lesson is designed to be learned in four hours, to address the needs of institutes that devote 200 hours for each level of language learning.

단원 구성 Structure of a lesson

- **주제** Topic
  아래에 있는 과들과 관련된 주제를 제시했다.
  Introduces topics related to the corresponding lesson.

준비 Preparation

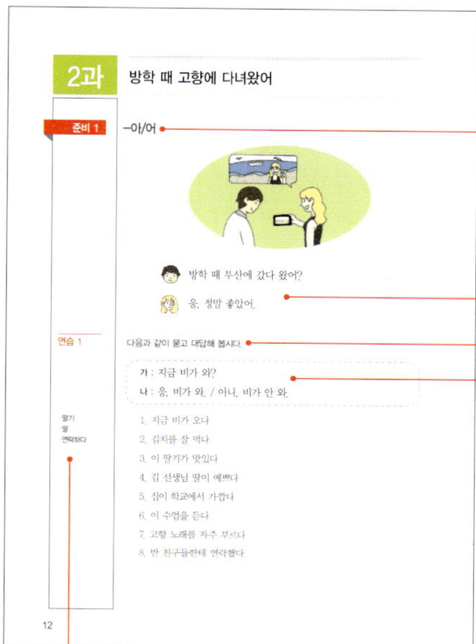
2과 방학 때 고향에 다녀왔어

준비 1 -이/어

방학 때 부산에 갔다 왔어?

응, 정말 좋았어.

연습 1 다음과 같이 묻고 대답해 봅시다.

가 : 지금 비가 와?

나 : 응, 비가 와. / 아니, 비가 안 와.

1. 지금 비가 오다
2. 김치를 잘 먹다
3. 이 딸기가 맛있다
4. 김 선생님 딸이 예쁘다
5. 집이 학교에서 가깝다
6. 이 수업을 듣다
7. 고향 노래를 자주 부르다
8. 반 친구들한테 연락했다

12

• 준비 Preparation

각 과의 주제에 맞는 표현들을 연습을 통해 익히도록 구성하였다. 보통 한 과에 문법이나 표현을 2개 정도 제시하였고 각 문법은 세 번의 단계적인 연습을 통해 충분히 익히도록 구성하였다.

Designed for practicing expressions that are related to the proposed topic. Usually, about 2 grammar points or expressions are presented, and three steps of exercises are presented for fully practicing each grammar point.

• 기본 대화 Basic conversation

해당 문법의 의미가 가장 잘 드러나는 상황 안에서 기본 대화를 제시하였다.

Presents basic conversations that show the meaning of the proposed grammar point.

• 연습 1 Exercise 1

주로 해당 문법의 형태 변화에 중점을 둔 대화 연습으로 구성하였다.

Composed of practices which are mainly focused on the change of forms of the proposed grammar point.

• 보기 Example

해당 문법이나 표현으로 구성한 대화를 삽입하여 연습하는 방법을 보여 주었다.

Demonstrates how to practice with sentences or conversations, making use of the proposed grammatical structures and expressions.

• 새로운 단어와 표현 New words and expressions

각 페이지마다 새로운 어휘를 제시해 학습자들이 새로운 단어를 쉽게 알아보도록 하였다.

Presents new words and expressions on each page for easy recognition of new words.

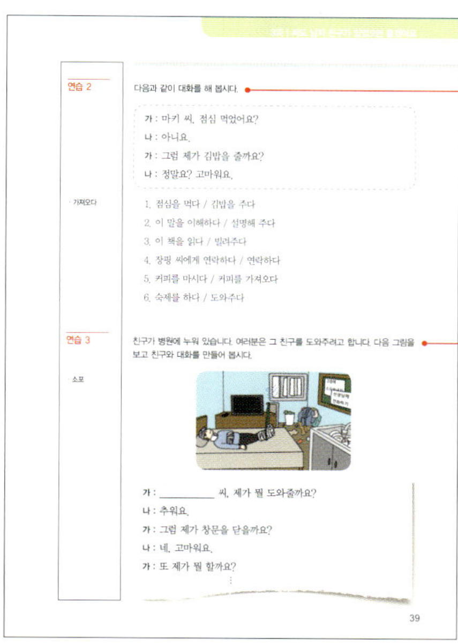
연습 2 다음과 같이 대화를 해 봅시다.

가 : 마키 씨, 점심 먹었어요?

나 : 아니요.

가 : 그럼 제가 김밥을 줄까요?

나 : 정말요? 고마워요.

연습 3

39

• 연습 2 Exercise 2

해당 문법이나 표현을 대화를 통해 연습할 수 있도록 하였다.

Demonstrates how to practice the proposed grammatical structures or expressions through question and answer.

• 연습 3 Exercise 3

대부분 학습자가 앞에서 배운 문법을 활용하여 자유롭게 문장이나 대화를 이끌어 낼 수 있는 연습으로 구성하였다.

Demonstrates how to freely create sentences or conversations making use of grammatical structures recently learned.

대화 Conversation

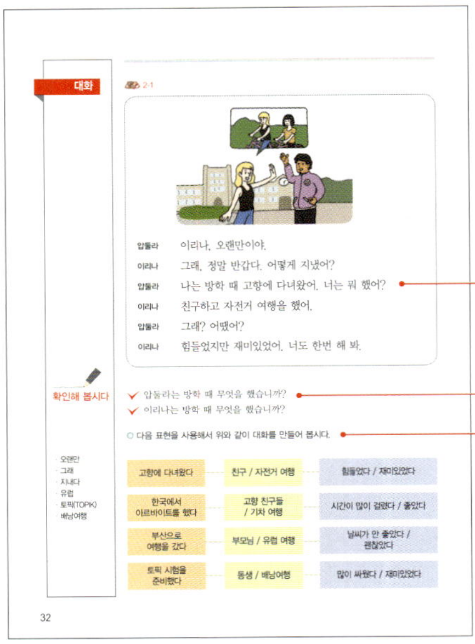
대화

2-1

압둘라	이리나, 오랜만이야.
이리나	그래, 정말 반갑다. 어떻게 지냈어?
압둘라	나는 방학 때 고향에 다녀왔어. 너는 뭐 했어?
이리나	친구하고 자전거 여행을 했어.
압둘라	그래? 어땠어?
이리나	힘들었지만 재미있었어. 너도 한번 해 봐.

확인해 봅시다

✓ 압둘라는 방학 때 무엇을 했습니까?

✓ 이리나는 방학 때 무엇을 했습니까?

○ 다음 표현을 사용해서 위와 같이 대화를 만들어 봅시다.

고향에 다녀왔다	친구 / 자전거 여행	힘들었다 / 재미있었다
한국에서 아르바이트를 했다	고향 친구들 / 기차 여행	시간이 많이 걸렸다 / 좋았다
부산으로 여행을 갔다	부모님 / 유럽 여행	날씨가 안 좋았다 / 괜찮았다
토픽 시험을 준비했다	동생 / 배낭여행	많이 싸웠다 / 재미있었다

· 오랜만
· 그래
· 지내다
· 유럽
· 토픽(TOPIK)
· 배낭여행

32

• **대화** Conversation

타 교재의 본문에 해당하며 앞선 '준비'에서 다룬 문법이나 표현을 활용한 긴 대화로 구성하였다.

Equivalent to the other textbook's main text and is composed of long conversations making use of grammatical structures or expressions mentioned in the 'preparation'.

• **확인해 봅시다** Let's check.

대화를 들은 후 대화 내용을 잘 이해했는지를 확인하는 질문을 삽입하였다.

Presents questions to ensure that students understand the conversations upon hearing them.

• **다음 표현을 가지고 위와 같이 대화를 만들어 봅시다**

Using the expressions below, have a conversation, following the above example

본문을 이해한 후, 주어진 단어나 구로 본문처럼 긴 대화를 구성하여 말하기 연습을 할 수 있도록 구성하였다.

Constructed for students to be able to practice speaking by having long conversations using the given words and phrases used in the main text.

읽기 Reading

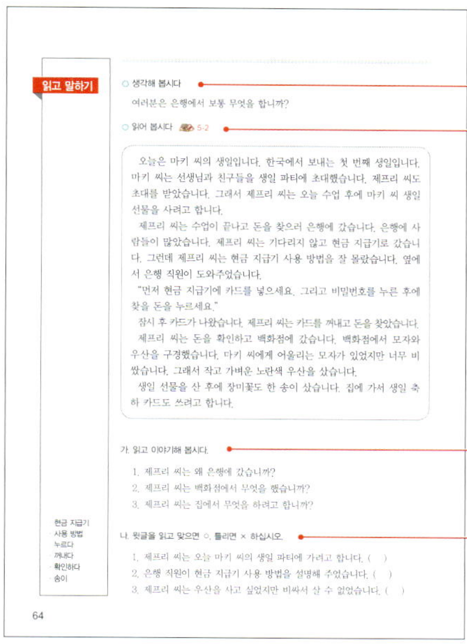

읽고 말하기

○ 생각해 봅시다

여러분은 은행에서 보통 무엇을 합니까?

○ 읽어 봅시다 5-2

오늘은 마키 씨의 생일입니다. 한국에서 보내는 첫 번째 생일입니다. 마키 씨는 선생님과 친구들을 생일 파티에 초대했습니다. 제프리 씨도 초대를 받았습니다. 그래서 제프리 씨는 오늘 수업 후에 마키 씨 생일 선물을 사려고 합니다.

제프리 씨는 수업이 끝나고 돈을 찾으러 은행에 갔습니다. 은행에 사람들이 많았습니다. 제프리 씨는 기다리지 않고 현금 지급기로 갔습니다. 그런데 제프리 씨는 현금 지급기 사용 방법을 잘 몰랐습니다. 옆에서 은행 직원이 도와주었습니다.

"먼저 현금 지급기에 카드를 넣으세요. 그리고 비밀번호를 누른 후에 찾을 돈을 누르세요."

잠시 후 카드가 나왔습니다. 제프리 씨는 카드를 꺼내고 돈을 찾았습니다.

제프리 씨는 돈을 확인하고 백화점에 갔습니다. 백화점에서 모자와 우산을 구경했습니다. 마키 씨에게 어울리는 모자가 있었지만 너무 비쌌습니다. 그래서 작고 가벼운 노란색 우산을 샀습니다.

생일 선물을 산 후에 장미꽃도 한 송이 샀습니다. 집에 가서 생일 축하 카드도 쓰려고 합니다.

가. 읽고 이야기해 봅시다.

1. 제프리 씨는 왜 은행에 갔습니까?
2. 제프리 씨는 백화점에서 무엇을 했습니까?
3. 제프리 씨는 집에서 무엇을 하려고 합니까?

나. 윗글을 읽고 맞으면 ○, 틀리면 × 하십시오.

1. 제프리 씨는 오늘 마키 씨의 생일 파티에 가려고 합니다. ( )
2. 은행 직원이 현금 지급기 사용 방법을 설명해 주었습니다. ( )
3. 제프리 씨는 우산을 사고 싶었지만 비싸서 살 수 없었습니다. ( )

현금 지급기
사용 방법
누르다
꺼내다
확인하다
송이

64

- **읽기 전 활동** Pre-reading activity

  읽기와 관련된 질문을 통해서 학습자의 스키마를 활성화하여 본문 이해를 돕는다.

  Helps student to understand the main text by activating their schema through questions which are related to the reading.

- **읽어 봅시다** Let's read.

- **읽고 이야기해 봅시다** Let's read and discuss.

  읽기 지문의 전반적인 내용을 이해했는지 확인해 본다.

  Check that students have understood the main themes of the text.

- **윗글을 읽고 맞으면 ○, 틀리면 ×를 하십시오.**

  Read the above text. If the following statement is correct, mark a circle. If it is incorrect, mark an X.

  읽기 지문의 세부적인 내용을 이해했는지 확인해 본다.

  Check that students have understood the details of the text.

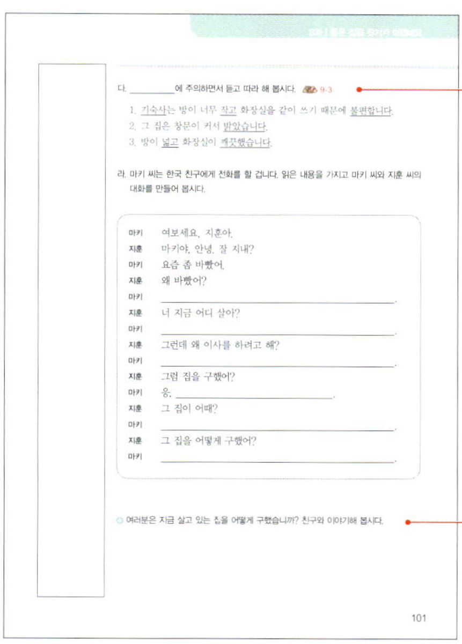

다. ________에 주의하면서 듣고 따라 해 봅시다. 9-3

1. 기숙사는 방이 너무 작고 화장실을 같이 쓰기 때문에 불편합니다.
2. 그 집은 창문이 커서 밝았습니다.
3. 방이 넓고 화장실이 깨끗했습니다.

라. 마키 씨는 한국 친구에게 전화를 할 겁니다. 읽은 내용을 가지고 마키 씨와 지훈 씨의 대화를 만들어 봅시다.

마키 여보세요, 지훈아.
지훈 마키야, 안녕. 잘 지내?
마키 요즘 좀 바빴어.
지훈 왜 바빴어?
마키 ________.
지훈 너 지금 어디 살아?
마키 ________.
지훈 그런데 왜 이사를 하려고 해?
마키 ________.
지훈 그럼 집을 구했어?
마키 응. ________.
지훈 그 집이 어때?
마키 ________.
지훈 그 집을 어떻게 구했어?
마키 ________.

○ 여러분은 지금 살고 있는 집을 어떻게 구했습니까? 친구와 이야기해 봅시다.

101

- **________어 주의하면서 듣고 따라 해 봅시다**

  Paying careful attention to the underlined text, listen to the reading, and read along out loud.

  읽기 본문에서 주의해야 할 발음을 연습해 본다.

  Practice pronunciations that need special attention.

- **읽기 후 활동** After-reading activity

  읽고 난 후에 관련 주제에 대해서 말하거나 쓸 수 있는 활동으로 구성하였다.

  Composed of activities in which students can talk or write about the topics related to the reading.

듣기 Listening

듣고 말하기

생각해 봅시다

여러분은 친구에게 초대를 받았는데 문제가 생겨서 갈 수 없을 때 어떻게 합니까?

들어 봅시다 7-2

가. 듣고 이야기해 봅시다.

1. 왕쯔이는 왜 장핑에게 전화를 했습니까?
2. 장핑은 왜 왕쯔이에게 전화를 했습니까?
3. 장핑은 어디가 아픕니까?

나. 다시 한 번 듣고 맞으면 ○, 틀리면 × 하십시오.

1. 장핑은 오늘 왕쯔이 집에서 중국 음식을 먹으려고 했습니다. ( )
2. 장핑은 감기에 걸렸습니다. ( )
3. 장핑은 김밥을 먹은 다음부터 배가 아팠습니다. ( )

다. 잘 듣고 빈칸에 써 봅시다. 7-3

장핑 여보세요. 왕쯔이 씨, 저 장핑인데요.
왕쯔이 장핑 씨, 무슨 일 있어요? ________가 안 좋아요.
장핑 ________ 배가 아파서 오늘 ________.
왕쯔이 많이 아파요? 뭘 먹었어요?
장핑 ________ 축구하기 전에 ________을 먹었어요.
그다음부터 ________ 배가 아파요.
왕쯔이 그래요? 많이 아프면 ________ 병원에 가세요.

· 갑자기
· 그다음

82

- **듣기 전 활동** Pre-listening activity

  듣기와 관련된 질문을 통해서 학습자의 스키마를 활성화하여 본문 이해를 돕는다.

  Helps student to understand the main text by activating their schema through questions which are related to the listening.

- **들어 봅시다** Let's listen.

- **듣고 이야기해 봅시다** Let's listen and then discuss

  들은 내용을 전반적으로 이해했는지 확인해 본다.

  Check that students have understood the main themes of the listening.

- **다시 한번 듣고 맞으면 ○, 틀리면 ×를 하십시오**

  Let's listen to the recording one more time. If the following statement is correct, mark a circle. If it is incorrect, mark an ×.

  듣기 지문의 세부적인 내용까지도 이해했는지 확인해 본다.

  Check that students have understood the details of the listening.

- **잘 듣고 빈칸에 써 봅시다**

  단어를 정확하게 받아쓰는 연습이다.

  Practice writing words accurately as you hear them.

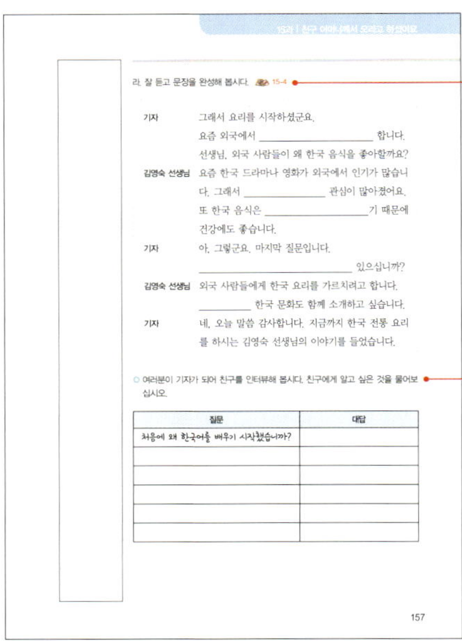

라. 잘 듣고 문장을 완성해 봅시다. 15-4

기자 그래서 요리를 시작하셨군요.
요즘 외국에서 ________ 합니다.
선생님, 외국 사람들이 왜 한국 음식을 좋아할까요?
김영숙 선생님 요즘 한국 드라마나 영화가 외국에서 인기가 많습니다. 그래서 ________ 관심이 많아졌어요.
또 한국 음식은 ________기 때문에 건강에도 좋습니다.
기자 아, 그렇군요. 마지막 질문입니다.
________ 있으십니까?
김영숙 선생님 외국 사람들에게 한국 요리를 가르치려고 합니다.
________ 한국 문화도 함께 소개하고 싶습니다.
기자 네, 오늘 말씀 감사합니다. 지금까지 한국 전통 요리를 하시는 김영숙 선생님의 이야기를 들었습니다.

○ 여러분이 기자가 되어 친구를 인터뷰해 봅시다. 친구에게 알고 싶은 것을 물어보십시오.

질문	대답
처음에 왜 한국어를 배우기 시작했습니까?	

157

- **잘 듣고 문장을 완성해 봅시다**

  문장의 일부를 정확하게 받아쓰는 연습이다.

  Practice writing parts of sentences correctly after you listen to them carefully.

- **듣기 후 활동** After-listening activity

  듣고 난 후에 관련된 주제에 대해서 말하거나 쓸 수 있는 활동으로 구성하였다.

  Composed of activities in which students talk or write about the topics related to the listening exercise.

활동 Activity

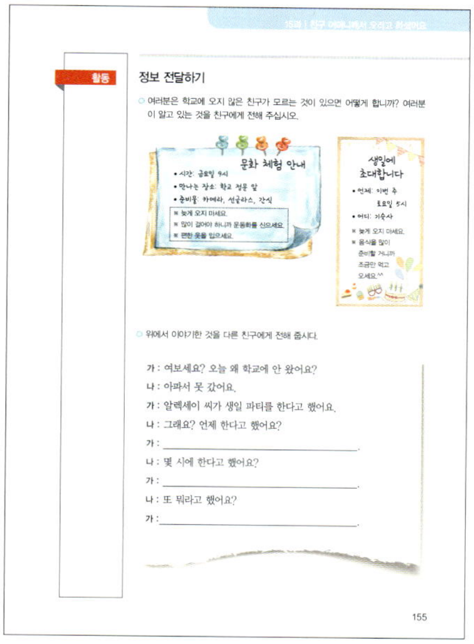
정보 전달하기

○ 여러분은 학교에 오지 않은 친구가 모르는 것이 있으면 어떻게 합니까? 여러분이 알고 있는 것을 친구에게 전해 주십시오.

○ 위에서 이야기한 것을 다른 친구에게 전해 줍시다.

가 : 여보세요? 오늘 왜 학교에 안 왔어요?
나 : 아파서 못 갔어요.
가 : 알렉세이 씨가 생일 파티를 한다고 했어요.
나 : 그래요? 언제 한다고 했어요?
가 : ______________________.
나 : 몇 시에 한다고 했어요?
가 : ______________________.
나 : 또 뭐라고 했어요?
가 : ______________________.

155

•오늘 배운 문법이나 주제를 활용하여 주어진 상황에 맞게 학습자 스스로 문장이나 대화를 생성해 낼 수 있는 인터뷰, 게임, 역할극 등으로 구성하였다

Composed of interviews, games and role-plays which help students to create conversations or sentences by themselves appropriate for the given situations.

문화 Culture

문화 Culture

주민 자치센터 문화 프로그램
Culture Programs in Community service centers

A community service center is a place that is in charge of administrative and civil affairs for the community people. Recently, however, community service centers offer classes for various hobbies such as yoga, dance, musical instruments, singing, cooking, and exercises. Community service center classes are offered at an affordable price, so they are perfect for people who want to start a new hobby.

Community service center classes are open to foreigners or people from out of the community. However, when there are too many applicants, people of the relevant community have priority. Community service centers in each area recruits students monthly, or once in three months at a first come first serve base, so it would be good to check their recruiting schedules in advance.

People who are interested in participating in the classes can get information from the homepage. If you are living in Seoul, you can get information from a smart phone application 'City of Seoul Community Center Classes'.

해 봅시다 Let's try

1. 집 근처에 있는 주민 자치센터에 어떤 문화 프로그램이 있는지 찾아봅시다.
Let's find what kind of cultural programs are offered by your nearest community center.

2. 인터넷이나 스마트폰 애플리케이션을 통해 다른 지역의 주민 자치센터 문화 프로그램을 알아봅시다.
Using the Internet or smart phone applications, find cultural center programs offered by community centers in other areas.

126

•한국의 일상 문화를 소개하고 마지막에 '해 봅시다'를 삽입해서 학습자가 해당 문화 내용과 관련된 실제적인 활동을 할 수 있도록 구성하였다.

Each lesson introduces a common, everyday aspect of Korean culture, and the 'Let's practice' section is inserted at the end of each lesson for learners to practice practical activities related to the proposed cultural aspect.

차례

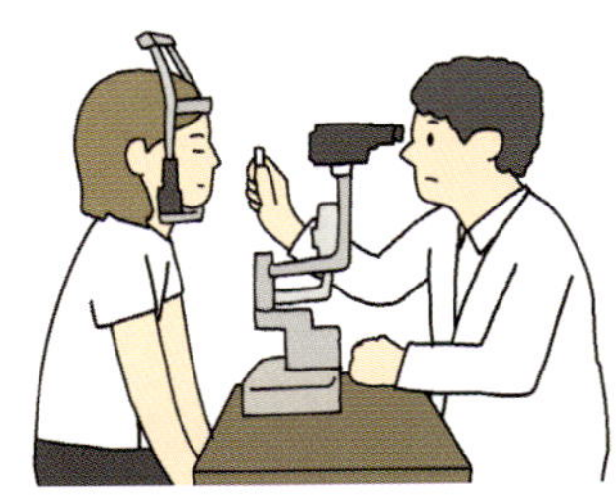

CONTENTS

교재 구성

주제	과	제목	문법 항목	기능	문화
만남	1	한국어를 배운 지 얼마나 됐어요?	–(으)ㄴ 지 (이)랑	인사하기 자기 소개하기	주민 자치 센터 문화 프로그램
	2	방학 때 고향에 다녀왔어	반말	안부 묻고 대답하기	
	3	저도 남자 친구가 있었으면 좋겠어요	–(으)ㄹ까요?[1] –았으면/었으면 좋겠다	제안하기 희망 표현하기	
	4	누구든지 배울 수 있어요	–는 동안 (이)든지	정보 구하기 동아리 가입하기	
한국 생활 I	5	소포를 보내려고 해요	–(으)려고 하다 –(으)ㄴ 다음에	의도 표현하기 선후 관계 말하기 우체국 이용하기	
	6	학교에 올 때 사진을 가지고 오세요	못 –(으)ㄹ 때	불가능 표현하기 학교 시설 이용하기	
	7	출발하기 전에 전화할게요	–지 말고 –기 전에	충고하기 약속하기	
	8	기숙사에서 요리하면 안 돼요	–아도/어도 되다 –(으)면 안 되다	금지하기 허락하기	
한국 생활 II	9	좋은 집을 찾기가 어렵네요	–기 때문에 –기가 쉽다/어렵다/힘들다…	이유 말하기 집 구하기	
	10	청소는 다 했는데 요리는 아직 못 했어요	–는데/(으)ㄴ데[1] –(으)ㄹ 거예요	추측하기 비교하기	
	11	영어를 할 줄 알아요?	–(으)면서 –(으)ㄹ 줄 알다/모르다	능력 말하기 아르바이트 구하기	
	12	운동을 하려고 스포츠 센터를 찾고 있어요	–(으)려고 –(으)ㄹ지 –(으)ㄹ지	목적 말하기 고민 말하기 취미 활동 알아보기	
음식	13	불고기를 만들어 봅시다	–게 –(으)ㅂ시다	제안하기 약속하기 요리법 설명하기	한국의 편리한 대중 교통
	14	불고기가 맛있다고 해요	–(으)ㄹ까요?[2] –다고 하다	추측하기 정보 전달하기 추천하기	
	15	친구 어머니께서 오라고 하셨어요	–냐고 하다 –(으)라고 하다	정보 전달하기	
	16	길이 막힐 테니까 일찍 출발하세요	–자고 하다 –(으)ㄹ 테니까[1]	정보 전달하기 추측하기	
교통	17	책상을 주문하셨지요?	–지요? –다가	확인하기 길 안내하기	
	18	친구하고 약속이 있거든요	–(으)ㄴ 덕분에 –거든요	감사 표현하기 이유 말하기 여러 나라의 교통수단 말하기	
	19	요금이 얼마인지 알아요?	–(으)려면 –는지/(으)ㄴ지 알다/모르다	정보 구하기 방법 묻기	
	20	버스가 고장 나서 탔다가 내렸어요	(이)나 –았다가/었다가	이유 설명하기 경험 말하기	

주제	과	제목	문법 항목	기능	문화
쇼핑	21	이 모자는 안 어울릴 것 같은데요	-는/(으)ㄴ 것 같다 (으)로 하다	추측하기 선택하기 쇼핑하기	One-stop 외국인 종합 지원 센터: 서울 글로벌 센터
	22	그 귀걸이는 너무 커 보여요	-(으)니까 -아/어 보이다	경험 말하기 판단하기 교환/환불하기	
	23	봉투에 넣어 드릴까요?	-아/어 드릴까요? 처럼	의향 묻기 주문/계산하기	
	24	인터넷에서 이 옷을 샀는데 어때요?	-는데/(으)ㄴ데[2] 밖에	배경 설명하기 인터넷 쇼핑 이용하기	
공공장소	25	책을 빌리려면 어떻게 해야 하나요?	-나요/(으)ㄴ가요? -고 나서	선후 관계 말하기 공공시설 이용하기	
	26	자전거를 빌려 올 테니까 잠깐만 기다리세요	-아서/어서 그런지 -(으)ㄹ 테니까[2]	추측하기 의지 표현하기 매표소 이용하기	
	27	세종대왕을 기념하기 위해서 만들었어요	-는/(으)ㄴ 줄 알다 -기 위해서	목적 말하기 특별한 장소 소개하기	
	28	저는 아무거나 괜찮아요	아무 ~(이)나 에다가	공공장소 예절에 대해 설명하기	
경험	29	저도 작년에 본 적이 있어요	-(으)ㄴ 적이 있다/없다 에 비해서	경험 말하기 비교하기	
	30	이번 주말에 사러 가야겠어요	-기로 하다 -아야겠다/어야겠다	계획하기 약속하기 결심 표현하기	
	31	아무 말도 못 했어요	-(으)ㄹ래요 아무 ~도	의향 묻기 부정하기	
	32	손님이 많이 오는 편이에요	-는/(으)ㄴ 편이다 -기는 하지만	경향 말하기 반대하기 아르바이트 경험 말하기	
건강	33	기침도 나고 목도 아파요	~도 -고 -(으)면 되다	첨가하기 방법 설명하기 약국 이용하기	한국 생활에 꼭 필요한 전화번호
	34	약을 먹어도 낫지 않아요	ㅅ 불규칙 -아도/어도	조언하기 병원 이용하기	
	35	걸어서 가는 게 어때요?	-는 게 어때요? 마다	제안하기 생활 습관 말하기	
	36	건강을 생각하게 됐어요	-게 되다 에 대해서	변화 말하기 여러 나라의 건강 비결 말하기	

Table of Contents

Theme, Situation	Lesson	Title	Grammar/ Expression	Function	Culture
Meeting	1	How long have you learned Korean?	-(으)ㄴ 지 (이)랑	•Greeting •Self-introduction	Culture Programs in Community service centers
	2	I visited my hometown during the break	Non-honorific speech styles	•Asking and answering for each other's well-being	
	3	I wish I had a boyfriend, too	-(으)ㄹ까요?[1] -았으면/었으면 좋겠다	•Suggesting •Expressing one's wish	
	4	Anyone can learn	-는 동안 (이)든지	•Obtaining information, •Joining a club	
Life in Korea I	5	I would like to send a package	-(으)려고 하다 -(으)ㄴ 다음에	•Expressing one's intension •Talking about the order of the incident •Using the post office	
	6	Bring your picture when you come to school	못 -(으)ㄹ 때	•Expressing impossibility •Using school facilities	
	7	I will call you before I leave	-지 말고 -기 전에	•Giving advice •Making appointments	
	8	You are not allowed to cook in the dormitory	-아도/어도 되다 -(으)면 안 되다	•Prohibition •Giving permission	
Life in Korea II	9	It is hard to find a good house	-기 때문에 -기가 쉽다/어렵다/힘들다…	•Talking about reasons •Finding a house	
	10	I finished cleaning, but I have not finished cooking yet	-는데/(으)ㄴ데[1] -(으)ㄹ 거예요	•Guessing •Comparing	
	11	Can you speak English?	-(으)면서 -(으)ㄹ 줄 알다/모르다	•Talking about one's ability •Finding a part-time job	
	12	I am looking for a sports center so I can exercise	-(으)려고 -(으)ㄹ지 -(으)ㄹ지	•Talking about one's objectives •Talking about one's concerns •Looking for a hobby	
Food	13	Let's make *bulgogi* today	-게 -(으)ㅂ시다	•Suggesting •Making appointments •Explaining a recipe	Convenient public transportation systems in Korea
	14	I heard that their *bulgogi* is delicious	-(으)ㄹ까요?[2] -다고 하다	•Guessing •Transferring information •Recommending	
	15	My friend's mother asked me to come	-냐고 하다 -(으)라고 하다	•Transferring information	
	16	Since there might be traffic, head out early	-자고 하다 -(으)ㄹ 테니까[1]	•Transferring information •Guessing	
Transportations	17	Didn't you order a desk?	-지요? -다가	•Confirming •Giving directions	
	18	I have an appointment	-(으)ㄴ 덕분에 -거든요	•Expressing gratitude •Talking about reasons •Talking about public transportations in many countries	
	19	Do you know how much the fare is?	-(으)려면 -는지/(으)ㄴ지 알다/모르다	•Getting information •Asking how to do something	
	20	The bus broke down so I had to get off	(이)나 -았다가/었다가	•Explaining reasons •Talking about one's experiences	

Theme, Situation	Lesson	Title	Grammar/ Expression	Function	Culture
Shopping	21	I don't think this cap would suit my friend	–는/(으)ㄴ 것 같다 (으)로 하다	•Guessing •Choosing •Going shopping	One-stop foreigner support center: Seoul Global Center
	22	Those earrings look too big	–(으)니까 –아/어 보이다	•Talking about one's experience •Making a judgement •Exchanging products Getting a refund	
	23	Shall I put it in a bag?	–아/어 드릴까요? 처럼	•Asking about another's intension •Ordering/making payments	
	24	I bought these clothes on the Internet, what do you think?	–는데/(으)ㄴ데[2] 밖에	•Talking about the background situation •Using the Internet shopping mall	
Public Facility	25	What should I do if I want to borrow books?	–나요/(으)ㄴ가요? –고 나서	•Talking about the order of the incident •Using public facilities	
	26	Please wait here for a moment while I rent a bike	–아서/어서 그런지 –(으)ㄹ 테니까[2]	•Guessing •Expressing one's intension •Using the ticket office	
	27	This was built to commemorate King Sejong the Great	–는/(으)ㄴ 줄 알았다 –기 위해서	•Talking about one's objectives •Introducing specific places	
	28	I am fine with anything	아무 ~(이)나 에다가	•Talking about etiquette when using public places	
Experiences	29	I have watched it last year	–(으)ㄴ 적이 있다/없다 에 비해서	•Explaining one's experiences •Comparing	Important phone numbers for living in Korea
	30	I have to go shopping this weekend	–기로 하다 –아야겠다/어야겠다	•Making plans •Making appointments •Expressing one's resolution	
	31	I couldn't say anything	–(으)ㄹ래요? 아무 ~도	•Asking about other's intensions •Negating	
	32	There are rather a lot of customers	–는/(으)ㄴ 편이다 –기는 하지만	•Talking about one's inclination •Opposing •Talking about part-time job experiences	
Health	33	I cough and I also have a sore throat	~도 –고 –(으)면 되다	•Adding information •Explaining how to do something •Using the pharmacy	
	34	Even though I took some medicine, it didn't work well	ㅅ irregular –아도/ 어도	•Giving advice •Using the hospital	
	35	How about walking home?	–는 게 어때요? 마다	•Suggesting something •Talking about one's life habits	
	36	I started to care about my health	–게 되다 에 대해서	•Talking about changes •Talking about the secrets of good health in many countries	

등장인물

왕쯔이(중국)

장핑(중국)

간토야(몽골)

압둘라(사우디아라비아)

이리나(러시아)

알렉세이(러시아)

바트(몽골)

마키(일본)

카오루(일본)

투이(베트남)

제프리(미국)

김윤아(한국)

이지훈(한국)

만남

1과

한국어를 배운 지 얼마나 됐어요?

문법 -(으)ㄴ 지, (이)랑

2과

방학 때 고향에 다녀왔어

문법 반말 : -아/어, (이)야

3과

저도 남자 친구가 있었으면 좋겠어요

문법 -(으)ㄹ까요?, -았으면/었으면 좋겠다

4과

누구든지 배울 수 있어요

문법 -는 동안, (이)든지

1과 한국어를 배운 지 얼마나 됐어요?

준비 1

–(으)ㄴ 지

마이클 씨, 한국어를 배운 지 얼마나 됐어요?

한국어를 배운 지 세 달 됐어요.

연습 1

다음과 같이 묻고 대답해 봅시다.

가 : 한국에 온 지 얼마나 됐어요?
나 : 일 년 됐어요.

1. 한국에 오다 / 1년
2. 집에서 출발하다 / 2시간
3. 휴대 전화가 고장 나다 / 이틀
4. 고향 음식을 먹다 / 3달
5. 그 이야기를 듣다 / 1시간
6. 기숙사에 살다 / 7개월

· 이틀
· 개월

연습 2

다음과 같이 대화를 해 봅시다.

가 : 한국어를 잘하네요.
나 : 고마워요.
가 : 한국어를 배운 지 얼마나 됐어요?
나 : 네 달 됐어요.

1. 한국어를 잘하다 / 한국어를 배우다 / 4달
2. 피아노를 잘 치다 / 피아노를 배우다 / 1년
3. 수영을 잘하다 / 수영장에 다니다 / 5년
4. 여자 친구가 예쁘다 / 여자 친구를 사귀다 / 2주
5. 새집이 깨끗하고 예쁘다 / 이 집으로 이사하다 / 1달
6. 휴대 전화가 좋다 / 이 휴대 전화를 사다 / 사흘

· 다니다
· 사귀다
· 이사하다
· 새집
· 사흘

연습 3

다음과 같이 친구와 이야기해 봅시다.

가 : 한국 친구가 있어요?
나 : 네, 있어요.
가 : 그 친구를 사귄 지 얼마나 됐어요?
나 : 1년 되었어요.
가 : 그 친구가 어때요?
나 : ________________________.
⋮

취미

한국 친구

좋아하는 배우

할 수 있는 외국어

좋아하는 한국 드라마

준비 2 (이)랑

백화점에서 뭘 샀어요?

옷이랑 신발을 샀어요.

연습 1

다음과 같이 묻고 대답해 봅시다.

가 : 언제 테니스를 배우러 가요?
나 : 화요일이랑 목요일에 테니스를 배우러 가요.

· 사이다
· 로션
· 때
· 선배

1. 언제 테니스를 배우러 가다 / 화요일 – 목요일
2. 냉장고에 무슨 음료수가 있다 / 콜라 – 사이다
3. 화장품 가게에서 무엇을 샀다 / 로션 – 향수
4. 방학 때 어디에 가 봤다 / 부산 – 제주도
5. 어제 누구를 만났다 / 마키 – 장핑
6. 누구랑 여행을 갔다 / 친구
7. 누구랑 일을 할 것이다 / 선배

연습 2

다음과 같이 대화를 해 봅시다.

가 : ________ 씨, 시간 있어요?
나 : 미안해요. 할 일이 좀 있어요.
가 : 그래요? ________ 씨랑 같이 영화 보고 싶었는데…….
나 : 내일 파티가 있어요. 그래서 케이크랑 음료수를 사야 돼요.
다음에 꼭 같이 봐요.

· 시작하다
· 잡채
· 팀(team)
· 발표

1. 파티가 있다 / 케이크 – 음료수 – 사다
2. 여행을 가다 / 음식 – 옷 – 사다
3. 한국어 수업을 시작하다 / 교과서 – 사전 – 사다
4. 친구들이 오다 / 불고기 – 잡채 – 만들다
5. 부모님이 오시다 / 빨래 – 청소 – 하다
6. 우리 팀 발표가 있다 / 이리나 – 장핑 – 만나다

연습 3

다음 상황에서 무엇을 하고 싶습니까? 친구와 이야기해 봅시다.

- ✔ 방학
- ✔ 주말
- ✔ 생일

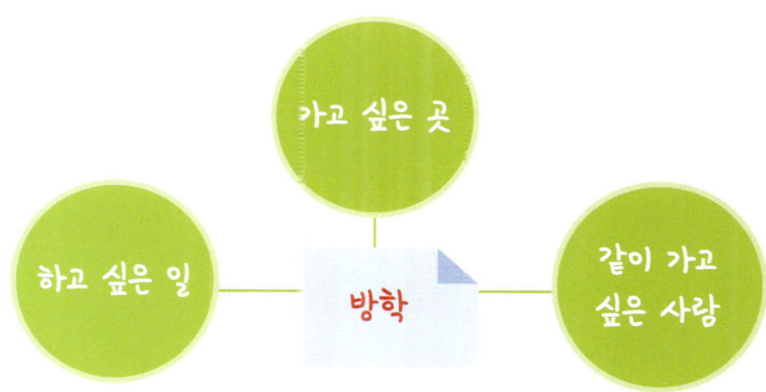

· 경주

가 : ________ 씨, 방학에 뭘 하고 싶어요?
나 : 여행을 가고 싶어요.
가 : 그래요? 어디에 가고 싶어요?
나 : 경주랑 부산에 가고 싶어요.
가 : 누구랑 가고 싶어요?
나 : 장핑이랑 가고 싶어요.

대화

1-1

투안	안녕하세요? 저는 투안이에요. 만나서 반갑습니다.
마키	안녕하세요? 저는 마키예요. 투안 씨는 한국어를 배운 지 얼마나 됐어요?
투안	3년 됐어요. 마키 씨는요?
마키	저는 3개월 됐어요. 투안 씨는 왜 한국어를 배워요?
투안	한국 드라마랑 노래를 좋아해서 한국어를 배워요.

확인해 봅시다

- ✔ 투안 씨는 한국어를 얼마나 배웠습니까?
- ✔ 투안 씨는 왜 한국어를 배웁니까?

○ 다음 표현을 사용해서 위와 같이 대화를 만들어 봅시다.

학교에서	한국어	3년	한국 드라마 / 노래를 좋아하다
요리 학원에서	요리	7개월	한국 음식 / 일본 음식을 만들고 싶다
음악 학원에서	바이올린	1년 5개월	가요 / 클래식 음악을 연주하고 싶다
미술 학원에서	그림	2달	가족 / 친구들 얼굴을 그리고 싶다

· 바이올린
· 가요
· 연주하다
· 미술

활동

자기 소개하기

처음 만난 친구에게 자기소개를 해 봅시다.

안녕하세요?
제 이름은 자야입니다.
저는 몽골 사람입니다. 제 고향은 몽골 울란바토르입니다.
저는 한국에 온 지 6개월이 됐습니다.
지금 고향 친구와 같이 국민대 근처에서 살고 있습니다.
저는 음악을 듣는 것을 좋아합니다.
한국 노래도 좋아합니다. 그래서 한국어를 배우고 있습니다.
한국어를 열심히 공부해서 내년에 대학교에 입학하고 싶습니다.
앞으로 친구들과 잘 지내고 싶습니다.
감사합니다.

이름 | 고향 | 한국 생활 | 취미 | 계획

누구의 소개가 가장 기억에 남습니까? 왜 그렇습니까?

읽고 말하기

◯ 생각해 봅시다

우리 반에 친한 친구가 있습니까? 그 친구를 안 지 얼마나 됐습니까? 어떻게 알게 됐습니까?

◯ 읽어 봅시다 1-2

제 친구를 소개합니다. 제 친구의 이름은 세르게이입니다. 세르게이는 한국에 온 지 1년이 되었습니다. 세르게이는 저와 같이 기숙사에 삽니다. 그래서 우리는 친해졌습니다.

세르게이는 친구 사귀는 것을 좋아하고 친구도 많습니다. 세르게이는 친절하고 재미있어서 친구들 중에서 가장 인기가 많습니다.

세르게이는 사람들 앞에서 연기하는 것을 좋아합니다. 그래서 배우가 되고 싶어 합니다. 세르게이는 연기를 정말 잘합니다. 세르게이는 한국에서 배우가 되고 싶어서 한국에 왔습니다. 그래서 지금 한국어를 배우고 연기 학원에도 다닙니다. 그리고 한국 드라마도 많이 봅니다.

세르게이는 앞으로 한국과 러시아에서 연기를 하고 싶어 합니다. 세르게이가 배우가 되면 저도 유명한 배우들을 만나고 싶습니다.

가. 읽고 이야기해 봅시다.

1. 세르게이는 한국에 온 지 얼마나 됐습니까?
2. 세르게이 친구들은 왜 세르게이를 좋아합니까?
3. 세르게이는 앞으로 어떤 일을 하고 싶어 합니까?

나. 윗글을 읽고 맞으면 ○, 틀리면 × 하십시오.

1. 이 사람은 세르게이의 기숙사 친구입니다. (   )
2. 세르게이는 한국에서 혼자 연기 공부를 하고 있습니다. (   )
3. 세르게이는 유명한 배우들을 만나고 싶어 합니다. (   )

· 친하다
· 가장
· 인기
· 연기하다
· 연기
· 배우
· 앞으로

다. ________에 주의하면서 듣고 따라 해 봅시다. 1-3

1. 세르게이는 한국에 온 지 1년이 되었어요.
2. 세르게이는 저와 같이 기숙사에 삽니다.
3. 세르게이는 친절하고 재미있어서 인기가 많습니다.

라. 여러분은 세르게이를 처음 만났습니다. 읽은 내용을 대화로 만들어 봅시다.

세르게이　안녕하세요? 저는 세르게이예요.

나　________________.

세르게이 씨는 한국에 언제 왔어요?

세르게이　________________.

나　왜 한국에 왔어요?

세르게이　________________.

나　지금 한국에서 뭘 하고 있어요?

세르게이　________________.

나　앞으로 무슨 일을 하고 싶어요?

세르게이　________________.

나　와, 꿈이 정말 멋있네요.

○ 앞의 글처럼 내 친구를 소개해 봅시다.

2과 방학 때 고향에 다녀왔어

준비 1

–아/어

방학 때 부산에 갔다 왔어?

응, 정말 좋았어.

연습 1

다음과 같이 묻고 대답해 봅시다.

가 : 지금 비가 와?
나 : 응, 비가 와./아니, 비가 안 와.

· 딸기
· 딸

1. 지금 비가 오다
2. 김치를 잘 먹다
3. 이 딸기가 맛있다
4. 김 선생님 딸이 예쁘다
5. 집이 학교에서 가깝다
6. 이 수업을 듣다
7. 고향 노래를 자주 부르다
8. 반 친구들한테 연락했다

연습 2

다음과 같이 대화를 해 봅시다.

가 : ________아/야, 빨래를 했어?
나 : 아니.
가 : 왜?
나 : 지금 밖에 비가 와.

· 만두
· 끝내다
· 설거지
· 사촌
· 갔다 오다

1. 빨래를 했다 / 지금 밖에 비가 오다
2. 초대장을 보냈다 / 주소를 모르다
3. 만두를 만들었다 / 집에 고기가 없다
4. 숙제를 끝냈다 / 친구가 놀러 왔다
5. 설거지를 했다 / 아침에 시간이 없었다
6. 주말에 사촌 결혼식에 갔다 왔다 / 일이 있어서 회사에 갔다

연습 3

친구에게 궁금한 것을 물어봅시다.

· 어젯밤

- 어제/주말에 뭐 하다
- 오늘 아침/보통 몇 시에 일어나다
- 보통 점심에 뭐 먹다
- 무슨 음식을 좋아하다
- 어젯밤/보통 몇 시에 자다
- 고향에 얼마나 자주 전화하다

준비 2

(이)야

그거 누구 지갑이야?

마키 거야.

연습 1

다음과 같이 묻고 대답해 봅시다.

가 : 그 사람 직업이 뭐야?
나 : 의사야.

· 나이
· 민속촌

1. 그 사람 직업 – 뭐 / 의사
2. 저 사람 나이 – 몇 살 / 22살
3. 여기 – 어디 / 민속촌
4. 쉬는 날 – 언제 / 월요일
5. 저 사람 – 어느 나라 사람 / 중국 사람
6. 오늘 – 며칠 / 1월 13일

연습 2

다음과 같이 대화를 해 봅시다.

가 : 주말에 뭐 할 거야?
나 : 영화를 볼 거야.
가 : 그래? 무슨 영화를 볼 거야?
나 : 공포 영화를 볼 거야.

1. 영화를 보다 / 무슨 영화를 보다 / 공포 영화
2. 여행을 가다 / 어디에 가다 / 부산
3. 친구랑 쇼핑하다 / 뭘 사다 / 등산화와 등산복
4. 친구를 만나다 / 누구를 만나다 / 압둘라 씨랑 제프리 씨
5. 서점에 가다 / 무슨 책을 사다 / 재미있는 소설책
6. 집에 있다 / 집에서 뭘 하다 / 빨래랑 청소

· 등산화
· 등산복
· 소설책

연습 3

다음과 같이 친구와 이야기해 봅시다.

가 : 바트야, 너 생일이 언제야?
나 : 10월 3일이야.
가 : 생일에 뭐 할 거야?
나 : 친구랑 같이 영화를 볼 거야.
가 : 무슨 영화를 볼 거야?
나 : 액션 영화를 볼 거야.
가 : 받고 싶은 선물이 뭐야?
⋮

	이름 : 바트	이름 :	이름 :
생일	10월 3일		
할 일	영화를 보다		
같이 하고 싶은 사람	친구		
받고 싶은 선물			

대화

2-1

압둘라	이리나, 오랜만이야.
이리나	그래, 정말 반갑다. 어떻게 지냈어?
압둘라	나는 방학 때 고향에 다녀왔어. 너는 뭐 했어?
이리나	친구하고 자전거 여행을 했어.
압둘라	그래? 어땠어?
이리나	힘들었지만 재미있었어. 너도 한번 해 봐.

확인해 봅시다

- ✓ 압둘라는 방학 때 무엇을 했습니까?
- ✓ 이리나는 방학 때 무엇을 했습니까?

○ 다음 표현을 사용해서 위와 같이 대화를 만들어 봅시다.

· 오랜만
· 그래
· 지내다
· 유럽
· 토픽(TOPIK)
· 배낭여행

고향에 다녀왔다	친구 / 자전거 여행	힘들었다 / 재미있었다
한국에서 아르바이트를 했다	고향 친구들 / 기차 여행	시간이 많이 걸렸다 / 좋았다
부산으로 여행을 갔다	부모님 / 유럽 여행	날씨가 안 좋았다 / 괜찮았다
토픽 시험을 준비했다	동생 / 배낭여행	많이 싸웠다 / 재미있었다

활동

안부 묻기

1급에서 같이 공부한 친구를 길에서 만났습니다. 여러분은 친구에게 무엇을 물어보겠습니까?

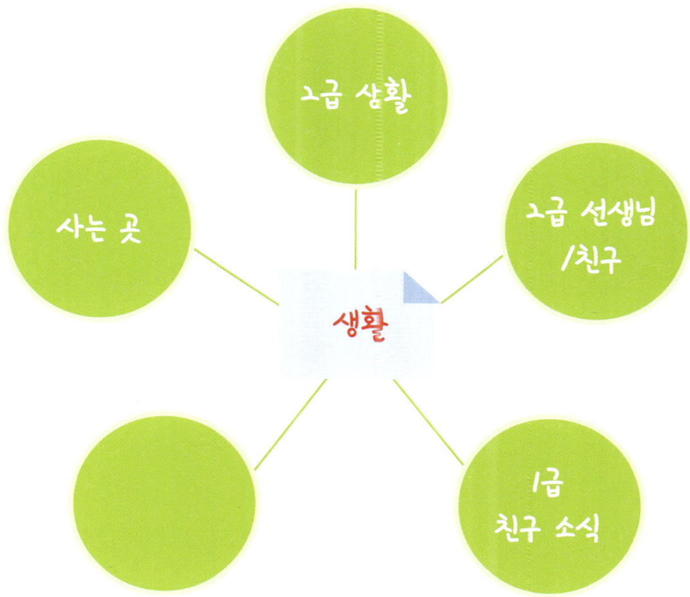

가 : 투이야, 오랜만이야. 잘 지냈어?
나 : 응, 잘 지냈어. 너는 요즘 어떻게 지내?
가 : 요즘 아르바이트를 시작해서 좀 바빠.
나 : 2급에서 공부하는 건 어때?
⋮

읽고 쓰기

○ 생각해 봅시다

여러분은 한국어로 편지를 써 봤습니까?

○ 읽어 봅시다 2-2

투이에게,

투이야, 잘 지내고 있어? 아직 학교 기숙사에 살아?

서울은 많이 더워? 몽골은 날씨가 아주 좋아.

내가 몽골에 온 지 벌써 한 달이 됐어. 나는 몽골에 와서 친구들도 만나고 맛있는 몽골 음식도 많이 먹었어. 그리고 지난 주말에는 친구랑 홉스굴로 여행을 갔어. 홉스굴은 아주 크고 유명한 호수야. 멀어서 힘들었지만 아름다운 경치를 볼 수 있어서 좋았어. 우리는 거기에서 배를 타고 낚시를 했어. 정말 재미있었어.

1급에서 같이 공부한 친구들은 모두 다 잘 지내? 우리 반 친구들이 너무 보고 싶어. 나는 내년에 대학교를 졸업하면 다시 한국에 갈 거야. 그래서 여기에서도 한국어를 열심히 공부하고 있어. 빨리 한국에 가서 너와 같이 공부하고 싶어.

투이야, 또 연락할게.

안녕.

8월 10일

울란바토르에서

자야가

가. 읽고 이야기해 봅시다.

1. 투이는 누구에게서 편지를 받았습니까?
2. 자야는 지난 주말에 무엇을 했습니까?
3. 자야는 대학교를 졸업하고 무엇을 할 겁니까?

나. 윗글을 읽고 맞으면 ○, 틀리면 × 하십시오.

1. 자야는 한 달 전에 몽골에 갔습니다. ( )
2. 자야는 1급 친구들과 같이 여행을 갔습니다. ( )
3. 자야는 투이와 같이 한국어를 공부하고 있습니다. ( )

· 아직
· 벌써
· 홉스굴
· 호수
· 낚시
· 너무

다. ＿＿＿＿＿＿에 주의하면서 듣고 따라 해 봅시다. 2-3

1. 친구들도 만나고 맛있는 몽골 음식도 많이 먹었어.
2. 나는 내년에 대학교를 졸업하면 다시 한국에 갈 거야.
3. 또 연락할게.

라. 읽은 내용을 대화로 만들어 봅시다.

자야	여보세요. 투이야, 안녕?
투이	자야야, 안녕? 잘 지내?
자야	응, ＿＿＿＿＿＿＿＿＿＿＿＿＿＿＿＿. 아직도 ＿＿＿＿＿＿＿＿＿＿＿＿＿＿?
투이	아니, 원룸으로 이사했어. 네가 몽골에 간 지 한 달 됐네. 몽골에서 뭐 했어?
자야	＿＿＿＿＿＿＿＿＿＿＿＿＿＿＿＿＿＿.
투이	그래? 홉스굴은 어땠어?
자야	＿＿＿＿＿＿＿＿＿＿＿＿＿＿＿＿＿＿.
투이	거기에서 뭘 했어?
자야	＿＿＿＿＿＿＿＿＿＿＿＿＿＿＿＿＿＿.
투이	나도 가 보고 싶어.
자야	나중에 몽골에 오면 같이 갈까? 1급 때 같이 공부한 친구들이 보고 싶어. ＿＿＿＿＿＿＿＿＿＿＿＿＿＿＿＿＿＿?
투이	응, 다 잘 지내. 그런데 너는 다시 한국에 올 거야?
자야	＿＿＿＿＿＿＿＿＿＿＿＿＿＿＿＿＿＿.
투이	자야야, 보고 싶어.
자야	나도 빨리 한국에 가서 너랑 공부하고 싶어.
투이	그래, 기다릴게. 또 연락해.
자야	그래, 안녕.

◯ 1급 때 같이 공부한 친구에게 편지를 써 봅시다.

3과

저도 남자 친구가 있었으면 좋겠어요

준비 1

–(으)ㄹ까요?[1]

제가 도와줄까요?

네, 고마워요.

연습 1

다음과 같이 묻고 대답해 봅시다.

가 : 돈이 없어요.
나 : 제가 빌려줄까요?

1. 돈이 없다 / 빌려주다
2. 너무 배가 고프다 / 라면을 끓이다
3. 이 빵이 너무 크다 / 칼로 자르다
4. 바람이 불어서 춥다 / 문을 닫다
5. 냄새가 나다 / 창문을 열다
6. 가방이 무겁다 / 들어 주다

· 빌려주다
· 끓이다
· 칼
· 냄새
· 무겁다

연습 2

다음과 같이 대화를 해 봅시다.

가 : 마키 씨, 점심 먹었어요?
나 : 아니요.
가 : 그럼 제가 김밥을 줄까요?
나 : 정말요? 고마워요.

· 가져오다

1. 점심을 먹다 / 김밥을 주다
2. 이 말을 이해하다 / 설명해 주다
3. 이 책을 읽다 / 빌려주다
4. 장핑 씨에게 연락하다 / 연락하다
5. 커피를 마시다 / 커피를 가져오다
6. 숙제를 하다 / 도와주다

연습 3

친구가 병원에 누워 있습니다. 여러분은 그 친구를 도와주려고 합니다. 다음 그림을 보고 친구와 대화를 만들어 봅시다.

· 소포

가 : ____________ 씨, 제가 뭘 도와줄까요?
나 : 추워요.
가 : 그럼 제가 창문을 닫을까요?
나 : 네, 고마워요.
가 : 또 제가 뭘 할까요?
⋮

준비 2

–았으면/었으면 좋겠다

알렉세이 씨, 피곤해요?

네, 집에 가서 잤으면 좋겠어요.

연습 1

다음과 같이 묻고 대답해 봅시다.

가 : 어떤 사람과 결혼하고 싶어요?
나 : 재미있는 사람이었으면 좋겠어요.

1. 어떤 사람과 결혼하다 / 재미있는 사람이다
2. 언제 결혼하다 / 30살에 결혼하다
3. 어디로 여행을 가다 / 제주도로 여행을 가다
4. 나중에 어떤 일을 하다 / 선생님이 되다
5. 어디에서 살다 / 집 근처에 바다가 있다
6. 어떤 선물을 받다 / 가방을 받다

연습 2

다음과 같이 대화를 해 봅시다.

가 : ________ 씨, 여기에서 뭐 해요?
나 : 인터넷에서 이사할 집을 찾고 있어요.
가 : 그래요? 어떤 집을 찾아요?
나 : 크고 깨끗했으면 좋겠어요.

1. 이사할 집 / 크고 깨끗하다
2. 거실에 놓을 소파 / 크고 편하다
3. 친구에게 선물할 가방 / 예쁘고 가볍다
4. 엄마가 쓰실 휴대 전화 / 글자가 크다
5. 주말에 여행 갈 곳 / 바다가 있다

· 거실
· 놓다
· 소파
· 편하다
· 엄마

연습 3

다음과 같이 여러분이 주변 사람들에게 원하는 것을 말해 봅시다.

가 : 저는 우리 엄마가 가끔 싫어요.
나 : 그래요? 뭐가 싫어요?
가 : 화를 잘 내요. 저는 우리 엄마가 화를 안 냈으면 좋겠어요.
또 ……

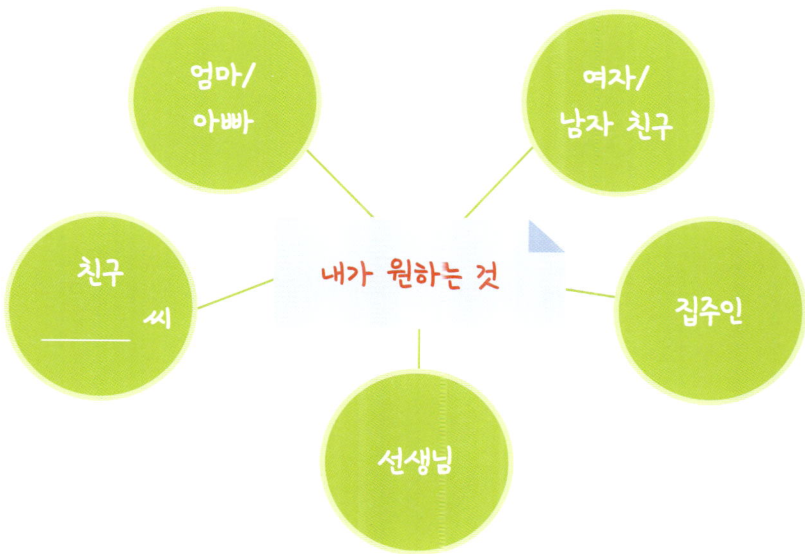

· 싫다
· 화
· 내다(화를)
· 원하다
· 아빠
· 집주인

대화

3-1

이리나　카오루 씨, 주말에 뭐 했어요?

카오루　날씨가 좋아서 자전거를 탔어요.

이리나　혼자 탔어요?

카오루　아니요, 여자 친구하고 같이 탔어요.

이리나　정말 부러워요. 저도 남자 친구가 있었으면 좋겠어요.

카오루　제가 소개해 줄까요?

확인해 봅시다

- ✔ 카오루 씨는 주말에 무엇을 했습니까?
- ✔ 이리나 씨는 왜 카오루 씨가 부럽습니까?

○ 다음 표현을 사용해서 위와 같이 대화를 만들어 봅시다.

· 부럽다
· 경기
· 야구장
· 같다

날씨가 좋다 / 자전거를 타다	여자 친구	남자 친구가 있다	소개하다
친구 생일이다 / 케이크를 만들다	엄마	케이크를 만들 수 있다	가르치다
단풍이 아름답다 / 등산을 가다	반 친구들	단풍 구경을 가다	단풍이 아름다운 곳을 말하다
야구 경기가 있다 / 야구장에 가다	여자 친구	남자 친구와 취미가 같다	함께 할 수 있는 취미를 소개하다

활동

희망 표현하기

여러분은 어떤 사람과 결혼하고 싶습니까? 어떤 집에서 살고 싶습니까? 친구와 이야기해 봅시다.

	이름: 투이	이름:	이름:
어떤 사람하고 결혼하고 싶어요?	똑똑하다		
그 사람이 어떤 일을 했으면 좋겠어요?	의사		
어떤 집에서 살고 싶어요?	집이 바다에서 가깝다		
아이가 몇 명 있었으면 좋겠어요?	1명		

가 : 투이 씨는 어떤 사람하고 결혼하고 싶어요?
나 : 똑똑한 사람이었으면 좋겠어요.
가 : 그 사람이 어떤 일을 했으면 좋겠어요?
⋮

듣고 말하기

○ 생각해 봅시다

여러분은 어떤 사람을 좋아합니까?

○ 들어 봅시다 3-2

가. 듣고 이야기해 봅시다.

1. 지훈 씨는 주말에 어디에 갔습니까?
2. 마키 씨는 주말에 무엇을 했습니까?
3. 마키 씨는 어떤 사람을 만나고 싶어 합니까?

나. 다시 한번 듣고 맞으면 ○, 틀리면 × 하십시오.

1. 마키 씨는 주말에 지훈 씨가 소개해 준 남자를 만났습니다. (　　)
2. 마키 씨는 운동을 좋아하는 사람을 싫어합니다. (　　)
3. 마이클 씨는 재미있고 운동을 좋아합니다. (　　)

· 소개팅
· 별로
· 마음
· 들다(마음에)
· 성격
· 얘기하다

다. 잘 듣고 빈칸에 써 봅시다. 3-3

마키 카오루 씨가 친구를 소개해 줘서 만나 봤어요.

지훈 소개팅을 했어요? ____________________?

마키 별로 ____________________.

지훈 왜요?

마키 저랑 ________________ 너무 달랐어요.

지훈 뭐가 달랐어요?

마키 저는 운동을 좋아해요.

그런데 그 사람은 운동을 ________________.

라. 잘 듣고 문장을 완성해 봅시다. 3-4

지훈 그럼 성격은 어땠으면 좋겠어요?

마키 ____________________ 좋아요.

지훈 운동을 좋아하고 ____________________?

마이클 씨는 어때요?

마키 마이클 씨요? 마이클 씨 지금 여자 친구가 없어요?

지훈 없어요. ____________________?

○ 내가 좋아하는 사람에 대해서 말해 봅시다. 왜 그 사람을 좋아합니까?

4과 누구든지 배울 수 있어요

준비 1

–는 동안

시험을 보는 동안 휴대 전화를 끄세요.

네, 알겠습니다.

연습 1

다음과 같이 묻고 대답해 봅시다.

1. 가 : 친구와 오래 전화했어요? (1시간)
   나 : 네, 1시간 동안 전화했어요.

2. 가 : 한국어를 얼마나 배우셨어요? (6개월)
   나 : 중국에서 ______________ 배웠어요.

3. 가 : 한국에서 얼마 동안 한국어를 공부할 거예요? (1년)
   나 : ______________ 공부할 거예요.

4. 가 : 이 휴게소에서 얼마나 쉽니까? (15분)
   나 : ______________ 쉽니다.

5. 가 : ______________ 음료수를 마실 수 있어요? (영화를 보다)
   나 : 네, 그리고 팝콘도 먹을 수 있어요.

6. 가 : ______________ 무엇을 하고 싶어요? (한국에 살다)
   나 : 한국 문화를 배우고 싶어요.

7. 가 : 집에서 학교까지 지하철로 얼마나 걸려요? (지하철을 타고 오다)
   나 : 50분요. ______________ 드라마 하나를 볼 수 있어요.

· 동안
· 휴게소
· 팝콘

연습 2

다음과 같이 대화를 해 봅시다.

가 : 바빠요?
나 : 네, 일이 좀 많아요.
가 : 제가 도와줄까요?
나 : 고마워요. 그럼 제가 찌개를 끓이는 동안 샐러드를 만들어 주세요.

	장소	나	친구
1	집	찌개를 끓이다	샐러드를 만들다
2		빨래하다	청소를 하다
3	사무실	차를 준비하다	간식을 준비하다
4		회의 준비를 하다	손님을 안내하다
5	학교	책상 위를 닦다	쓰레기를 버리다
6		교실 창문을 열다	칠판을 지우다

· 샐러드
· 회의
· 닦다
· 쓰레기
· 버리다
· 지우다

연습 3

다음 상황에 대해 친구와 같이 얘기해 봅시다. 여러분의 나라는 한국과 무엇이 다릅니까? 무엇이 같습니까?

- 친구를 기다리다
- 쉬는 시간
- 엄마가 집안일을 하다

→ 사람들이 보통 무엇을 해요? / ______ 씨는 무엇을 해요?

- 영화관에서 영화를 보다
- 시험을 보다
- 수업을 듣다
- 어른과 같이 식사하다

→ 무엇을 할 수 있어요? / 무엇을 하지 말아야 해요?

· 어른

가 : 윤아 씨, 한국에서는 사람들이 친구를 기다리는 동안 보통 무엇을 해요?
나 : 휴대 전화로 인터넷을 해요.
가 : 그럼 윤아 씨는 무엇을 해요?
나 : 저는 음악을 들어요.

준비 2

(이)든지

이 영화는 어른만 볼 수 있어요?

아니요, 누구든지 볼 수 있어요.

연습 1

다음과 같이 묻고 대답해 봅시다.

누구 언제 뭐 어디 얼마 무슨 어떤

1. 가 : 언제 놀러 가면 돼요?
   나 : 언제든지 놀러 오세요.
2. 가 : 이 책은 중학생도 읽을 수 있어요?
   나 : 그럼요. 아주 쉬워서 ________________ 읽을 수 있어요.
3. 가 : 우리 어디로 여행을 갈까?
   나 : 바다가 있으면 나는 ________________ 좋아.
4. 가 : 오늘 데이트가 있어요. 어떤 옷을 입는 게 좋겠어요?
   나 : 이리나 씨는 예쁘고 날씬하니까 ____________ 잘 어울려요.
5. 가 : 음식이 맛있겠네요.
   나 : 음식을 많이 준비했으니까 ______________ 드세요.
6. 가 : 내일 산에 가는 날이네요. 내일 등산화를 꼭 신어야 해요?
   나 : 편한 신발이면 ____________________ 괜찮아요.
7. 가 : 무슨 노래를 들을까요?
   나 : 빠른 노래면 ____________________ 다 좋아요.

· 중학생
· 어울리다

연습 2

다음과 같이 대화를 해 봅시다.

가 : 우리 언제 만날까요?
나 : 저는 언제든지 좋아요.
가 : 그럼 회사가 5시에 끝나니까 6시에 만날까요?
나 : 좋아요. 6시에 만나요.

언제 만나요?	6시
어디에서 만나요?	학교 앞 커피숍
무엇을 먹어요?	일본 음식
식사 후 어디에 갈까요?	
무엇을 할까요?	

연습 3

· 계획

다음에 대해 〈연습 2〉와 같이 친구와 이야기해 봅시다.

주말 약속

여행 계획

데이트 약속

_______ 씨 생일 파티 계획

대화

4-1

남자 어서 오세요.

마키 춤을 배우고 싶은데요. 많이 어려워요?

남자 아니요, 천천히 가르쳐 주니까 어렵지 않아요.
누구든지 배울 수 있어요.

마키 얼마나 배우면 춤을 출 수 있어요?

남자 한 달 동안 연습하면 잘 출 수 있어요.

확인해 봅시다

- ✔ 어떤 사람이 춤을 배울 수 있습니까?
- ✔ 얼마나 배우면 춤을 출 수 있습니까?

○ 다음 표현을 사용해서 위와 같이 대화를 만들어 봅시다.

· 천천히
· 마술
· 홈페이지

춤	춤 – 추다	한 달
기타	기타 – 치다	네 달
마술	마술 – 하다	이 주일
홈페이지 만드는 것	홈페이지 – 만들다	삼 개월

활동

동아리 가입하기

○ 여러분은 무슨 동아리에 들고 싶습니까? 동아리 회원을 모집하는 사람과 동아리에 들고 싶은 사람이 되어서 역할극을 해 봅시다.

농구 동아리 회원 모집

- 누구 : 농구를 좋아하는 사람
- 모임 시간 : 금요일 5시 ~ 7시
- 방문 시간 : 언제든지
- 좋은 점 : 선배들이 밥을 잘 사 줍니다.

__________ 회원 모집

- 누구 :
- 모임 시간 :
- 방문 시간 :
- 좋은 점 :

사진 동아리 회원 모집

- 누구 : 사진을 좋아하는 사람
- 모임 시간 :
- 방문 시간 : 언제든지
- 좋은 점 :

가 : 안녕하세요? 농구 동아리에 들고 싶어서 왔어요. 저는 농구는 잘 못하지만 농구를 좋아해요. 저도 이 동아리에 들 수 있어요?

나 : 그럼요. 농구를 좋아하는 사람은 누구든지 우리 동아리에 들 수 있어요.

가 : 그럼 모이는 시간은 언제예요?

나 : 금요일 5시예요. 우리 동아리는 선배들도 좋으니까 꼭 오세요.

읽고 쓰기

생각해 봅시다

여러분은 무슨 동아리에 관심이 있습니까? 왜 그 동아리에 관심이 있습니까?

읽어 봅시다 4-2

오늘 학교에서 신입생들에게 동아리를 소개해 줬습니다. 태권도, 농구, 사진, 기타 등 여러 동아리가 있었습니다. 기타 동아리에서는 기타를 연주했습니다. 기타 소리가 너무 아름답고 기타를 치는 사람도 아주 멋있었습니다. 그래서 수업이 끝나고 기타 동아리 방에 갔습니다.

동아리방에는 사람들이 많았습니다. 모두 저를 환영해 줬습니다. 아까 기타를 연주한 선배가 말했습니다.

"안녕? 내 이름은 민호야. 만나서 반가워."

"안녕하세요? 저는 왕쯔이에요. 기타를 배우고 싶어서 왔어요."

"그래? 별로 어렵지 않으니까 한번 쳐 봐. 내가 가르쳐 줄게."

선배가 기타를 가르쳐 주었습니다. 손가락이 조금 아팠지만 재미있었습니다. 선배가 말했습니다.

"기타를 치고 싶으면 언제든지 와."

집에 오는 동안 기타 소리가 계속 생각이 났습니다. 내일도 기타를 치러 동아리 방에 갈 겁니다.

가. 읽고 이야기해 봅시다.

1. 이 사람은 왜 기타 동아리에 갔습니까?
2. 이 사람은 누구한테서 기타를 배웠습니까?
3. 이 사람은 내일 무엇을 할 겁니까?

나. 윗글을 읽고 맞으면 ○, 틀리면 × 하십시오.

1. 민호 선배가 이 사람에게 기타를 가르쳐 줬습니다. ( )
2. 이 사람은 손가락이 아파서 기타를 치고 싶지 않았습니다. ( )
3. 이 사람은 기타 치는 것이 재미있습니다. ( )

· 신입생
· 등
· 여러
· 소리
· 환영하다
· 손가락
· 생각
· 나다(생각이)

다. __________에 주의하면서 듣고 따라 해 봅시다. 4-3

1. 오늘 학교에서 신입생들에게 동아리를 소개해 줬습니다.
2. 수업이 끝나고 기타 동아리방에 갔습니다.
3. 손가락이 조금 아팠지만 재미있었습니다.

라. 선배가 되어서 이 사람을 만난 이야기를 일기로 써 봅시다.

20____년 ____월 ____일 날씨: 맑음

오늘 학교에서 동아리를 소개하는 시간이 있었습니다. 저는 우리 기타 동아리를 소개하고 싶어서 기타 연주를 했습니다. 기타 연주가 끝나고 저는 동아리 방에 갔습니다. 그런데 거기에 ____________________

◯ 여러분이 중학교나 고등학교 때 든 동아리가 있습니까? 왜 그 동아리에 들었습니까? 앞의 글과 같이 써 보십시오.

한국 생활 I

5과

소포를 보내려고 해요

문법 -(으)려고 하다, -(으)ㄴ 다음에

6과

학교에 올 때 사진을 가지고 오세요

문법 못, -(으)ㄹ 때

7과

출발하기 전에 전화할게요

문법 -지 말고, -기 전에

8과

기숙사에서 요리하면 안 돼요

문법 -아도/어도 되다, -(으)면 안 되다

5과 소포를 보내려고 해요

준비 1

–(으)려고 하다

이리나 씨, 집에 가요?

아니요, 친구가 한국에 와서 공항에 가려고 해요.

연습 1

다음과 같이 묻고 대답해 봅시다.

1. 가 : 오늘 점심에 뭐 먹으려고 해요? (냉면을 먹다)
   나 : 날씨가 더워서 냉면을 먹으려고 해요.
2. 가 : 언제 비행기표를 살 거예요? (오늘 예매하다)
   나 : ______________________.
3. 가 : 쉬는 시간에 커피를 마실까요? (밀린 숙제를 하다)
   나 : 미안해요. 저는 ______________________.
4. 가 : 이번 연휴 때 뭐 하려고 해요?
   나 : ______________________.
5. 가 : 크리스마스에 친구한테 무슨 선물을 할 거예요?
   나 : ______________________.
6. 가 : 수업을 마치면 뭐 할 거예요?
   나 : ______________________.

· 예매하다
· 밀리다
· 연휴
· 크리스마스
· 마치다

연습 2

다음과 같이 대화를 해 봅시다.

가 : 이번 방학에 뭐 할 거예요?
나 : 여행을 가려고 해요.
가 : 어디로 여행을 가려고 해요?
나 : 베이징으로 가려고 해요.

1. 이번 방학 / 여행 / 어디 / 베이징
2. 쉬는 시간 / 커피 / 누구 / 1급 때 친구
3. 수업 후 / 명동 / 왜 / ____________
4. 내일 / 청소 / 왜 / ____________
5. 주말 / 등산 / 어디 / ____________
6. 크리스마스 / 파티 / ____________ / ____________
7. 생일 / __________ / ____________ / ____________

연습 3

· 신청하다

여러분은 이번 주에 할 일이 많습니다. 그렇지만 여러 가지 이유가 있어서 할 일을 다 하지 못했습니다. 다음과 같이 친구와 이야기해 봅시다.

- [x] 숙제하기
- [ ] 토픽(TOPIK) 시험 신청하기
- [ ] 선생님 생일 선물 사기
- [ ] 빨래하기
- [ ] 청소하기
- [ ]
- [ ]

가 : ____________ 씨, 숙제했어요?
나 : 아니요, 아직 안 했어요.
가 : 왜 안 했어요?
나 : 숙제를 하려고 했어요. 그런데 머리가 아파서 할 수 없었어요.

준비 2

–(으)ㄴ 다음에

언제 노래방에 갈까요?

시험이 끝난 다음에 가요.

연습 1

다음과 같이 묻고 대답해 봅시다.

1. 가 : 언제 점심을 먹을 거예요? (영화를 보다)
   나 : 영화를 본 다음에 점심을 먹을 거예요.
2. 가 : 언제 숙제를 하실 거예요? (점심을 먹다)
   나 : ______________________ 숙제를 할 거예요.
3. 가 : 저도 이 책을 읽고 싶었어요. (제가 읽다)
   나 : 그럼 ______________________ 빌려 드릴게요.
4. 가 : 오늘 아침부터 머리가 아프고 콧물이 나요. (약을 먹다)
   나 : ______________________ 좀 쉬세요.
5. 가 : 말하기 시험이 언제예요? (쓰기 시험이 끝나다)
   나 : ______________________ 말하기 시험을 봐요.
6. 가 : 언제 약을 먹어야 해요?
   나 : ______________________.
7. 가 : 언제 결혼할 거예요?
   나 : ______________________.

· 콧물

연습 2

다음과 같이 대화를 해 봅시다.

가 : 저는 어제 집에 가서 숙제를 했어요.
나 : 그래요? 숙제를 한 다음에 뭘 했어요?
가 : 숙제를 한 다음에 저녁을 먹었어요.
나 : 그래요? 무슨 음식을 먹었어요?

· 목욕

집에 가다 → 숙제를 하다 → 저녁을 먹다 → 설거지를 하다 → 목욕을 하다 → 텔레비전을 보다 → 책을 읽다 → 잠을 자다

연습 3

여러분은 무엇을 먼저 합니까? 다음과 같이 친구와 생활 습관에 대해 묻고 대답해 봅시다.

가 : 이를 닦은 다음에 아침을 먹어요?
아침을 먹은 다음에 이를 닦아요?
나 : 저는 아침을 먹은 다음에 이를 닦아요.
가 : 저는 이를 닦은 다음에 아침을 먹어요.

· 감다(머리를)
· 갈아입다
· 면도
· 세수

	나	친구:_____	친구:_____
1. 이를 닦다 - 아침을 먹다			
2. 옷을 입다 - 양말을 신다			
3. 머리를 감다 - 샤워를 하다			
4. 화장을 하다 - 옷을 갈아입다			
5. 면도를 하다 - 세수를 하다			
6.			

대화

5-1

직원 뭘 도와 드릴까요?

제프리 미국으로 소포를 보내려고 해요.

직원 그럼 여기에 주소하고 이름을 쓴 다음에 다시 오세요.

제프리 네. (잠시 후) 여기 있어요.

직원 상자를 저울에 올려 주세요. 깨지는 물건은 없습니까?

제프리 없는데요. 미국까지 얼마나 걸려요?

직원 보통 일주일쯤 걸립니다.

확인해 봅시다

✔ 제프리 씨는 우체국에서 무엇을 하려고 합니까?

✔ 소포는 언제 도착하겠습니까?

○ 다음 표현을 사용해서 위와 같이 대화를 만들어 봅시다.

미국 / 소포	상자	깨지는 물건은 없다	없다	일주일
중국 / 편지	봉투	중요한 서류가 있다	없다	5일
독일 / 서류	서류	영수증이 필요하다	필요 없다	15일

· 상자
· 저울
· 올리다
· 깨지다
· 중요하다
· 서류
· 독일
· 필요하다

활동

한국 생활 말하기

여러분은 한국에서 생활하는 동안 무엇을 하고 싶습니까? 다음과 같이 친구와 이야기해 봅시다.

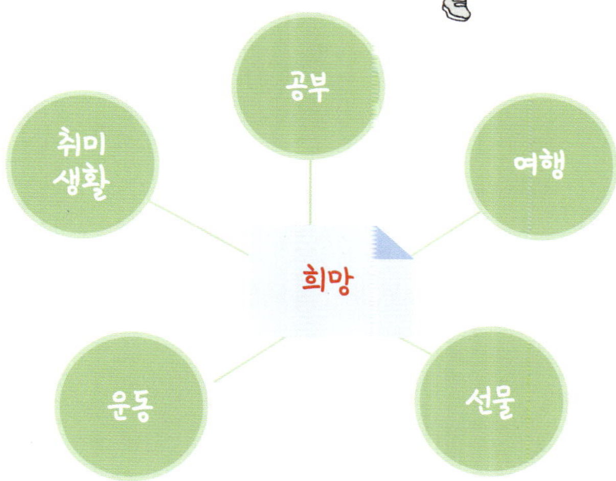

가 : 저는 취미 생활을 하고 싶어요.
그래서 태권도를 배우려고 해요.
나 : 그래요? 그럼 학교 동아리 방에 한번 가 보세요.
가 : 동아리 방요? 동아리 방은 어디에 있어요?
나 : ______________________________.

읽고 말하기

○ 생각해 봅시다

여러분은 은행에서 보통 무엇을 합니까?

○ 읽어 봅시다 5-2

오늘은 마키 씨의 생일입니다. 한국에서 보내는 첫 번째 생일입니다. 마키 씨는 선생님과 친구들을 생일 파티에 초대했습니다. 제프리 씨도 초대를 받았습니다. 그래서 제프리 씨는 오늘 수업 후에 마키 씨 생일 선물을 사려고 합니다.

제프리 씨는 수업이 끝나고 돈을 찾으러 은행에 갔습니다. 은행에 사람들이 많았습니다. 제프리 씨는 기다리지 않고 현금 지급기로 갔습니다. 그런데 제프리 씨는 현금 지급기 사용 방법을 잘 몰랐습니다. 옆에서 은행 직원이 도와주었습니다.

"먼저 현금 지급기에 카드를 넣으세요. 그리고 비밀번호를 누른 후에 찾을 돈을 누르세요."

잠시 후 카드가 나왔습니다. 제프리 씨는 카드를 꺼내고 돈을 찾았습니다.

제프리 씨는 돈을 확인하고 백화점에 갔습니다. 백화점에서 모자와 우산을 구경했습니다. 마키 씨에게 어울리는 모자가 있었지만 너무 비쌌습니다. 그래서 작고 가벼운 노란색 우산을 샀습니다.

생일 선물을 산 후에 장미꽃도 한 송이 샀습니다. 집에 가서 생일 축하 카드도 쓰려고 합니다.

가. 읽고 이야기해 봅시다.

1. 제프리 씨는 왜 은행에 갔습니까?
2. 제프리 씨는 백화점에서 무엇을 했습니까?
3. 제프리 씨는 집에서 무엇을 하려고 합니까?

나. 윗글을 읽고 맞으면 ○, 틀리면 × 하십시오.

1. 제프리 씨는 오늘 마키 씨의 생일 파티에 가려고 합니다. ( )
2. 은행 직원이 현금 지급기 사용 방법을 설명해 주었습니다. ( )
3. 제프리 씨는 우산을 사고 싶었지만 비싸서 살 수 없었습니다. ( )

· 현금 지급기
· 사용 방법
· 누르다
· 꺼내다
· 확인하다
· 송이

다. 현금 지급기 사용 순서에 맞게 그림을 나열하고 말해 봅시다.

①  ②  ③  ④ 

(　　) → (　　) → (　　) → (　　)

라. ________에 주의하면서 듣고 따라 해 봅시다. 5-3

1. 먼저 현금 지급기에 카드를 넣으세요.
2. 제프리 씨는 돈을 확인하고 백화점에 갔습니다.
3. 생일 축하 카드도 쓰려고 합니다.

마. 읽은 내용을 가지고 대화를 만들어 봅시다.

제프리　현금 지급기를 사용하려고 해요. 그런데 잘 모르겠어요.
직원　그럼 ________________________________?
제프리　감사합니다.
직원　먼저 ________________________________.
제프리　네. 카드를 넣은 다음에 어떻게 해요?
직원　________________________________.
제프리　________________________________?
직원　________________________________.
제프리　________________________________?
직원　카드를 받으면 돈이 나올 거예요.
제프리　아, 돈이 나왔어요. 정말 감사합니다.

○ 현금 지급기에서 또 무엇을 할 수 있습니까? 친구와 같이 이야기해 봅시다.

6과 학교에 올 때 사진을 가지고 오세요

준비 1

못

같이 축구하러 갈까요?

미안해요. 지금 아파서 못 가요.

연습 1

다음과 같이 묻고 대답해 봅시다.

1. **가 :** 어제 영화 재미있었어요?
   나 : 아니요, 일이 늦게 끝나서 영화를 못 봤어요.
2. **가 :** 엄마, 떡볶이 좀 만들어 주세요.
   나 : 오늘은 재료가 없어서 ____________________.
3. **가 :** 왜 김치찌개를 안 드세요?
   나 : 먹고 싶지만 너무 매워서 ____________________.
4. **가 :** 그 책 다 읽었어요?
   나 : 아니요, 시간이 없어서 ____________________.
5. **가 :** 내일 새벽에 출발할 수 있어요?
   나 : 아니요, 새벽에는 버스가 없어서 ____________________.
6. **가 :** 운전할 수 있어요?
   나 : 아니요, 국제 운전면허증이 없어서 한국에서 ____________________.
7. **가 :** 넥타이를 맬 수 있으면 좀 도와주세요.
   나 : 미안해요. 저도 ____________________.

· 재료
· 새벽
· 국제 운전면허증
· 넥타이
· 매다

연습 2

다음과 같이 대화를 해 봅시다.

가 : 방학 때 고향에 다녀왔어요?
나 : 아니요, 고향에 못 다녀왔어요.
가 : 왜 못 다녀왔어요?
나 : 아르바이트가 있어서요.

· 비자
· 연장하다
· 배탈

1. 방학 때 고향에 다녀오다 / 아르바이트가 있다
2. 비자를 연장하다 / 여권을 잃어버리다
3. 사무실에 연락하다 / 전화번호를 모르다
4. 아침을 먹다 / 배탈이 나다
5. 숙제를 하다 / ____________________
6. 청소를 하다 / ____________________

연습 3

여러분은 다음과 같은 일을 할 수 있습니까? 친구들과 묻고 대답해 봅시다.

· 전혀

요리 | 축구 | 스키 | ? | ?

전혀 못해요 → 잘 못해요 → 할 수 있어요 → 잘해요 → 아주 잘해요

	이름:________	이름:________	이름:________
요리			
축구			
스키			

준비 2

–(으)ㄹ 때

언제 학생증이 필요해요?

책을 빌릴 때 필요해요.

연습 1

다음과 같이 묻고 대답해 봅시다.

1. **가 :** 지금 간식을 먹을 거예요? (배가 고프다)
   나 : 지금 배가 안 고파요. 이따가 배가 고플 때 먹을 거예요.
2. **가 :** 모자가 참 예쁘네요. 새로 샀어요? (여행을 가다)
   나 : 네, ______________________ 쓰려고 해요.
3. **가 :** 카오루 씨는 언제 사전을 찾아요? (모르는 단어가 있다)
   나 : ______________________.
4. **가 :** 언제 선생님에게 전화를 해야 해요? (학교에 못 오다)
   나 : ______________________.
5. **가 :** 피아노를 잘 치시네요. 언제 피아노를 배우셨어요? (어리다)
   나 : ______________________.
6. **가 :** 언제 정장을 입어요?
   나 : ______________________.

· 새로
· 어리다

연습 2

다음과 같이 대화를 해 봅시다.

가 : 언제 노래방에 가요?
나 : 회식할 때 노래방에 가요.
가 : 무슨 노래를 자주 불러요?
나 : 한국 노래를 자주 불러요.

· 회식하다
· 태어나다
· 외롭다

1. 노래방에 가다 / 회식하다 / 무슨 노래를 자주 부르다 / 한국 노래를 자주 부르다
2. 부모님이 보고 싶다 / 아프다 / 그럼 어떻게 하다 / 부모님께 전화하다
3. 가장 행복했다 / 제 아이가 태어났다 / 아이는 지금 몇 살이다 / 10살이다
4. 여행을 가다 / 스트레스가 많다 / 가 본 곳 중에서 어디가 제일 좋다 / ____________________
5. 고향 친구가 생각나다 / 외롭다 / 친구를 만나면 무엇을 하고 싶다 / ____________________
6. 요리하다 / 친구를 초대했다 / 무슨 음식을 자주 만들다 / ____________________

연습 3

여러분은 다음과 같은 물건을 언제 사용합니까? 친구와 같이 이야기해 봅시다.

대화

6-1

직원	어떻게 오셨어요?
압둘라	학생증을 잃어버려서 다시 만들려고 해요.
직원	그럼 이 신청서를 써 주세요. 사진을 가지고 오셨어요?
압둘라	아니요. 사진이 없으면 학생증을 못 만들어요?
직원	만들 수 없어요. 내일 학교에 올 때 사진을 가지고 오세요.
압둘라	네, 내일 다시 올게요.

확인해 봅시다

- 압둘라 씨는 어디에 왔습니까?
- 압둘라 씨는 왜 학생증을 만들 수 없습니까?

○ 다음 표현을 사용해서 위와 같이 대화를 만들어 봅시다.

· 잃어버리다
· 신청서
· 외국인 등록증
· 신용 카드
· 신분증

학교 사무실	학생증	사진	학교
출입국관리사무소	외국인 등록증	여권	출입국관리사무소
은행	신용 카드	신분증	은행

활동

물건 설명하기

다음 달에 여러분은 고향에 가려고 합니다. 고향에 가기 전에 필요 없는 물건을 팔고 싶습니다. 아래의 글과 같이 팔고 싶은 물건을 설명해 보세요.

전자사전을 팝니다.

한국어를 처음 배울 때 이 전자사전을 샀어요. 이 사전은 아주 편리해요. 모르는 단어가 있을 때 이 사전을 사용하세요. 여러 나라 말이 있어서 다른 나라에 여행을 갈 때도 사용할 수 있어요. 저는 시계가 없어서 시간을 모를 때, 그리고 친구하고 약속한 것을 메모할 때도 이 사전을 사용했어요. 이 전자사전을 사고 싶으면 아래 전화번호로 연락 주세요.

☎ 전화번호: 010-3456-7890

☆ 희망 가격: 3만 원

☆ 9시부터 오후 1시까지는 수업이니까 수업이 끝난 다음에 전화해 주세요.

<팔고 싶은 물건 사진>

☎ 전화번호:

☆ 희망 가격:

☆

읽고 쓰기

생각해 봅시다

여러분은 언제 학교 사무실에 갑니까?

읽어 봅시다 6-2

제목	사무실에 베트남어를 하는 사람이 있었으면 좋겠습니다.	글쓴이	투안
날짜	20××. ××. ××	조회수	82

안녕하세요? 저는 한국어교육센터에서 한국어를 배우고 있는 베트남 학생입니다.

저는 한국어를 잘 몰라서 학교 사무실 선생님과 이야기할 때 힘듭니다.

며칠 전에 학생증을 만들러 사무실에 갔습니다. 사무실 선생님이 필요한 것을 이야기해 줬습니다. 그런데 저는 그 말을 잘 이해하지 못했습니다. 그래서 선생님이 영어로 이야기해 주셨지만 저는 영어를 못해서 이해할 수 없었습니다.

사무실에 중국어나 일본어를 할 수 있는 사람은 있지만 베트남어를 할 수 있는 사람이 없어서 불편합니다.

한국어를 배우는 베트남 학생이 점점 많아지고 있습니다.

사무실에 베트남어를 할 수 있는 사람도 있었으면 좋겠습니다.

제목	학생 식당에서 음식을 고를 때 불편합니다.	글쓴이	안나
날짜	20××. ××. ××	조회수	108

저는 러시아에서 온 교환 학생입니다.

저는 기숙사에 살아서 학생 식당에 자주 갑니다.

그런데 메뉴가 다양하지 않아서 음식을 고를 때 불편합니다.

보통 학생 식당에는 고기가 들어간 음식이 많습니다. 그런데 저는 고기를 못 먹습니다.

고기가 없는 음식도 있었으면 좋겠습니다. 그리고 식당의 음식 이름이 너무 어려우니까 영어 설명도 있었으면 좋겠습니다.

- 글쓴이
- 점점
- 교환 학생
- 메뉴
- 다양하다
- 고르다

가. 읽고 이야기해 봅시다.

1. 투안 씨는 사무실에서 무엇이 불편했습니까?
2. 투안 씨는 사무실에 무엇을 부탁했습니까?
3. 안나 씨는 어디에서 자주 식사를 합니까?
4. 안나 씨는 식당에 무엇을 부탁했습니까?

나. 윗글을 읽고 맞으면 ○, 틀리면 × 하십시오.

1. 투안 씨는 한국어를 잘 몰라서 학생증을 만들 때 불편했습니다. ( )
2. 학교 사무실 선생님이 영어를 잘 못했습니다. ( )
3. 학생 식당에는 고기가 없는 음식이 많습니다. ( )

다. ________에 주의하면서 듣고 따라 해 봅시다. 6-3

1. 학교 사무실 선생님과 이야기할 때 힘듭니다.
2. 베트남어를 할 수 있는 사람도 있었으면 좋겠습니다.
3. 저는 고기를 못 먹습니다.

라. 읽은 내용을 가지고 대화를 만들어 봅시다.

투안 여보세요.
안나 여보세요. 투안 씨, 저 안나예요.
투안 안나 씨, 잘 지냈어요? 학교생활은 어때요?
안나 ________________________________.
투안 왜 힘들어요?
안나 ________________________________.
투안 저도 좀 힘들어요.
안나 ________________________________?
투안 ________________________________.
안나 ________________________________.

여러분은 학교 사무실에 부탁하고 싶은 것이 있습니까? 불편한 것이 있으면 홈페이지에 써 봅시다.

목록 | 출력 | 스크랩

자유 게시판

제목		글쓴이	
날짜		조회 수	

7과 출발하기 전에 전화할게요

준비 1

–지 말고

배가 너무 아파요.

그럼 학교에 가지 말고 좀 쉬세요.

연습 1

다음과 같이 묻고 대답해 봅시다.

1. **가 :** 지금 점심을 먹을까요?
   나 : 아니요, 지금 먹지 말고 이따가 먹어요.

2. **가 :** 오늘 저녁에 같이 노래방에 갈까요?
   나 : 내일 시험이니까 ____________________.

3. **가 :** 여기에서 같이 사진을 찍을까요?
   나 : 경치가 안 예쁘니까 ____________________.

4. **가 :** 커피를 주문할까요?
   나 : 커피는 아까 마셨으니까 ____________________.

5. **가 :** 인천공항까지 지하철을 타고 가려고 해요.
   나 : 버스가 더 편하니까 ____________________.

6. **가 :** 친구 결혼식에 갈 때 하얀색 원피스를 입으려고 해요.
   나 : 신부가 하얀색 옷을 입으니까 ____________________.

· 원피스
· 신부

연습 2

다음과 같이 대화를 해 봅시다.

가 : 한국 생활이 어때요?
나 : 너무 심심해요.
가 : 그럼 집에만 있지 말고 친구도 만나세요.
나 : 그게 좋겠어요.

1. 한국 생활 / 너무 심심하다 / 집에만 있다 – 친구를 만나다
2. 회사 생활 / 일이 많아서 힘들다 / 일만 하다 – 좀 쉬다
3. 학교생활 / 재미없다 / 수업만 듣다 – 취미 생활을 시작해 보다
4. 한국어 공부 / 말하기가 어렵다 / 단어만 외우다
   – 말하기 연습을 해 보다
5. 한국 음식 / 고향 음식보다 좀 맵다 / 사서 먹다
   – 고향 음식을 만들어 보다
6. 감기 / 약을 먹었지만 아직도 아프다 / 약만 먹다 – 병원에 가다

연습 3

· 살
· 찌다

친구의 고민을 듣고 〈보기〉와 같이 이야기해 봅시다.

건강이 나빠졌어요 | 숙제를 못 했어요 | 살이 쪘어요 | 잠을 잘 못 자요 | 스트레스가 많아요

가 : 요즘 건강이 좀 나빠졌어요.
나 : 왜요?
가 : 늦게까지 일을 해서 건강이 나빠졌어요.
나 : 그럼 일을 너무 많이 하지 말고 일찍 집에 들어가세요.

준비 2

-기 전에

수영을 하기 전에 준비 운동을 해야 해요.

네, 알겠습니다.

연습 1

· 준비 운동
· 조심하다
· 벗다
· 선풍기

다음과 같이 묻고 대답해 봅시다.

1. 가 : 태권도를 언제 배웠어요? (한국에 오다)
   나 : 한국에 오기 전에 배웠어요.
2. 가 : 지금 청소를 시작할까요? (청소를 하다)
   나 : 좋아요. ______________ 먼저 창문을 여세요.
3. 가 : 지난번에 간 식당에 또 갈까요? (식당에 가다)
   나 : 좋아요. ______________ 제가 예약할게요.
4. 가 : 내일 바트 씨 집에 놀러 갈게요. (출발하다)
   나 : 좋아요. ______________ 전화해 주세요.
5. 가 : 한국 사람 집에 갈 때 조심할 것이 있어요? (집에 들어가다)
   나 : ______________ 신발을 벗으세요.
6. 가 : 벌써 6월이에요. (날씨가 더워지다)
   나 : ______________ 선풍기를 사러 가요.

연습 2

다음과 같이 대화를 해 봅시다.

가 : 수업을 듣기 전에 뭐 할 거예요?
나 : 커피 한 잔 마시려고 해요.
가 : 왜요?
나 : 졸려서요.

· 긴장되다

1. 수업을 듣다 / 커피 한 잔 마시다 / 졸리다
2. 친구가 오다 / 청소를 하다 / 집이 더럽다
3. 학교에 오다 / 운동하다 / 건강해지고 싶다
4. 말하기 시험을 보다 / 클래식 음악을 듣다 / 너무 긴장되다
5. 생일 파티에 가다 / 백화점에 가다 / ______________
6. 고향에 돌아가다 / ______________ / ______________

연습 3

어제 저녁에 집 근처에서 사고가 나서 경찰관이 우리 집에 왔습니다. 친구와 함께 역할극을 해 봅시다.

· 사고

경찰관 안녕하십니까?
어제 이 근처에서 사고가 나서 왔습니다.
질문을 좀 하겠습니다.
어제 11시쯤에 어디에 계셨습니까?
나 집에서 TV를 보고 있었어요.
경찰관 그래요? 그럼 TV를 보기 전에 뭘 하셨습니까?
⋮

내가 어제 한 일	
6:00	______
7:00	______
8:00	______
10:00	숙제
11:00	TV

______씨가 어제 한 일	
6:00	______
7:00	______
8:00	______
10:00	______
11:00	______

______씨가 어제 한 일	
6:00	______
7:00	______
8:00	______
10:00	______
11:00	______

대화

7-1

윤아　　제프리 씨, 이번 주말에 뭐 할 거예요?

제프리　　특별한 일은 없어요. 왜요?

윤아　　그럼 우리 집에 오세요.
친구들하고 같이 축구 경기를 볼 거예요.

제프리　　좋아요. 몇 시까지 갈까요?

윤아　　저녁을 먹지 말고 6시까지 오세요.

제프리　　알겠어요. 출발하기 전에 전화할게요.

확인해 봅시다

✔ 제프리 씨는 이번 주말에 어디에 가겠습니까?

✔ 윤아 씨 집에서는 이번 주말에 무엇을 합니까?

○ 다음 표현을 사용해서 위와 같이 대화를 만들어 봅시다.

- 특별하다
- 시험공부
- 집들이

이번 주말	축구 경기를 보다	저녁 / 6시
오늘 수업 후	시험공부를 하다	점심 / 2시
일요일	삼겹살 파티를 하다	점심 / 1시
내일	집들이를 하다	저녁 / 7시

활동

선물 고르기

여러분은 초대를 받았을 때 어떤 선물을 준비합니까? 다음 상황에 어울리는 선물을 친구와 같이 이야기해 봅시다.

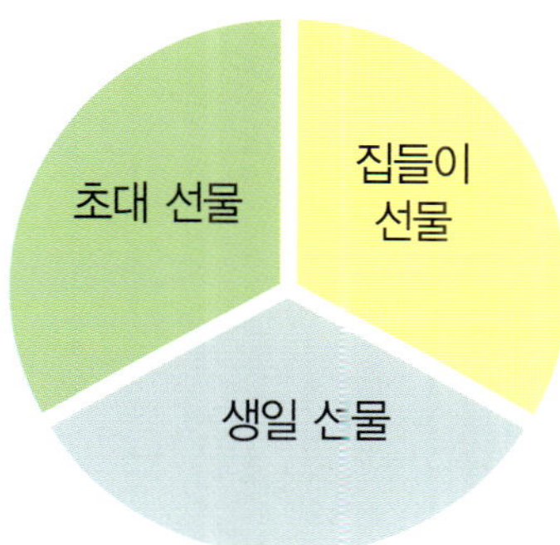

가 : ________ 씨, 이번 주말에 선생님 집에 초대 받았어요?
나 : 네, 초대 받았어요.
가 : 그럼 선물을 준비했어요?
나 : 아니요, 아직 준비 못 했어요.
가 : 그럼 선생님 집에 가기 전에 만나서 같이 살까요?
나 : ______________________________________.

듣고 말하기

◯ 생각해 봅시다

여러분은 친구에게 초대를 받았는데 문제가 생겨서 갈 수 없을 때 어떻게 합니까?

◯ 들어 봅시다 7-2

가. 듣고 이야기해 봅시다.

1. 왕쯔이는 왜 장핑에게 전화를 했습니까?
2. 장핑은 왜 왕쯔이에게 전화를 했습니까?
3. 장핑은 어디가 아픕니까?

나. 다시 한번 듣고 맞으면 ○, 틀리면 × 하십시오.

1. 장핑은 오늘 왕쯔이 집에서 중국 음식을 먹으려고 했습니다. ( )
2. 장핑은 감기에 걸렸습니다. ( )
3. 장핑은 김밥을 먹은 다음부터 배가 아팠습니다. ( )

다. 잘 듣고 빈칸에 써 봅시다. 7-3

장핑	여보세요. 왕쯔이 씨, 저 장핑인데요.
왕쯔이	장핑 씨, 무슨 일 있어요? ________가 안 좋아요.
장핑	________ 배가 아파서 오늘 ________.
왕쯔이	많이 아파요? 뭘 먹었어요?
장핑	________ 축구하기 전에 ________을 먹었어요. 그다음부터 ________ 배가 아파요.
왕쯔이	그래요? 많이 아프면 ________ 병원에 가세요.

· 갑자기
· 그다음

라. 잘 듣고 문장을 완성해 봅시다. 7-4

왕쯔이	장핑 씨, ______________________?
장핑	아니요, 없는데요. 왜요?
왕쯔이	오늘 저녁에 ______________. 같이 먹을까요?
장핑	와, 좋아요. 몇 시에 갈까요?
왕쯔이	______________________.
장핑	알겠어요. 제가 ______________________?
왕쯔이	괜찮아요. 혼자 할 수 있어요. 이따가 봐요.

감기에 걸려서 학교에 못 가겠습니다. 선생님께 전화해서 상황을 설명하는 대화를 만들어 봅시다.

나	여보세요. ______________________.
선생님	______________ 씨, 안녕하세요?
나	______________________.
선생님	그래요? 많이 아파요?
나	______________________.
선생님	그럼 집에만 있지 말고 빨리 병원에 가 보세요.
나	______________________.
선생님	많이 아프면 ______________________.
나	네, 감사합니다.

8과 기숙사에서 요리하면 안 돼요

준비 1

–아도/어도 되다

여기에서 커피를 마셔도 돼요?

아니요. 밖에서 드세요.

연습 1

다음과 같이 묻고 대답해 봅시다.

1. **가** : 선생님, 지금 집에 가도 돼요? (가다)
   나 : 아직 수업이 안 끝났어요. 조금 더 기다리세요.

2. **가** : 지금 ______________________________? (들어가다)
   나 : 죄송하지만 안 돼요. 지금 회의 중이에요.

3. **가** : 여기에 ______________________________? (앉다)
   나 : 네, 앉으세요.

4. **가** : 이 사탕 ______________________________? (먹다)
   나 : 그럼요. 어서 드세요.

5. **가** : 여기에 쓰레기를 ______________________________? (버리다)
   나 : 네, 괜찮아요.

6. **가** : 에어컨을 ______________________________? (끄다)
   나 : 지금 좀 더운데요.

7. **가** : 여기에서 노래를 ______________________________? (부르다)
   나 : 네, 괜찮아요.

· 사탕
· 끄다

연습 2

시험 시간입니다. 다음과 같이 선생님께 질문하고 아래의 표에 대답을 넣어 봅시다.

가 : 시험을 시작하겠습니다.
나 : 선생님, 휴대 전화를 사용해도 되요?
가 : 아니요, 사용하지 마세요.
나 : 그럼 커피를 마셔도 돼요?
가 : ____________________.

휴대 전화를 사용하다	커피를 마시다	연필로 쓰다
사전을 보다	친구와 이야기하다	화장실에 가다
먼저 나가다	선생님께 질문하다	지우개를 사용하다

연습 3

다음 장소에서 무엇을 해도 됩니까? 친구와 같이 묻고 대답해 봅시다.

· 문자 메시지

장소	내용
버스 안	친구하고 이야기하다, 음악을 듣다,
영화관	문자 메시지를 보내다.
백화점	
비행기 안	

준비 2

–(으)면 안 되다

선생님, 과자를 먹어도 돼요?

아니요, 아직 먹으면 안 돼요.

연습 1

다음과 같이 묻고 대답해 봅시다.

가 : 시험 볼 때 사전을 봐도 돼요?
나 : 아니요, 시험 볼 때 사전을 보면 안 돼요.

· 시디(CD)

1. 시험 볼 때 사전을 보다
2. 휴게실에서 담배를 피우다
3. 오늘 집에 늦게 들어가다
4. 여권 사진을 찍을 때 모자를 쓰다
5. 회사에 갈 때 반바지를 입다
6. 지금 창문을 열다
7. 이 시디(CD)를 듣다

연습 2

다음 장소에서 하면 안 되는 것은 무엇입니까? 묻고 대답해 봅시다.

도서관

- 음식을 먹다
- 전화를 하다
- 도서관 책에 글씨를 쓰다

지하철

- 뛰다
- 문에 기대다
- 노약자석에 앉다

박물관

- 사진을 찍다
- 그림을 만지다
- 담배를 피우다

엘리베이터

- 사람이 너무 많이 타다
- 다른 사람을 밀다
- 내리기 전에 먼저 타다

· 글씨
· 밀다
· 뛰다
· 기대다
· 노약자석

연습 3

다음 장소나 상황에서 해도 되는 것과 하면 안 되는 것에 대해 친구와 같이 이야기해 봅시다.

기숙사　　노래방

결혼한 후　　병원　　?

대화

8-1

압둘라　왕쯔이 씨, 기숙사 생활은 어때요?

왕쯔이　괜찮아요. 하지만 요리를 할 수 없어서 불편해요.

압둘라　기숙사에서 요리하면 안 돼요?

왕쯔이　네, 요리하면 안 돼요. 그래서 저는 학생 식당에서 먹어요.

압둘라　그런데 제가 기숙사에 놀러 가도 돼요?

왕쯔이　하하, 남자는 오면 안 돼요.

확인해 봅시다

✔ 기숙사에서 요리를 할 수 있습니까?

✔ 여자 기숙사에 남자가 가도 됩니까?

○ 다음 표현을 사용해서 위와 같이 대화를 만들어 봅시다.

· 모국어

기숙사	요리하다	학생 식당에서 먹다	제가 기숙사에 놀러 가다	남자는 오다
학교	모국어를 사용하다	한국어로만 말하다	영어로 말하다	영어도 사용하다
결혼	늦게 들어가다	밤 12시 전에 집에 가다	혼자 여행을 가다	혼자 가다

활동

각 나라의 예절 말하기

◯ 한국에서는 식사할 때 코를 풀면 안 됩니다. 여러분 나라에서도 하면 안 되는 일이 있습니까? 자기 나라의 예절을 소개하고, 다른 나라의 예절에는 무엇이 있는지 친구와 이야기해 봅시다.

상황		한국	______	______
식사	코를 풀어요.	×		
초대	집 안에서 신발을 신어요.	×		
선물	여자 친구에게 신발을 선물해요	×		
기타	빨간색으로 이름을 써요.	×		

읽고 말하기

생각해 봅시다

여러분은 기숙사에 살아 봤습니까? 기숙사는 무엇이 좋습니까?

읽어 봅시다

다음은 기숙사 생활 안내문입니다.

기숙사 생활 안내

1. 밤 12시까지 기숙사에 들어와야 합니다.
2. 방에서 담배를 피우거나 술을 마시면 안 됩니다.
3. 방에서 요리를 하면 안 됩니다.
4. 침대와 책상은 있지만 이불과 베개는 학생이 준비해야 합니다.

세탁실 이용 안내

〈이용 시간〉

- **기숙사 A동 지하 1층 세탁실**
  10:00 ~ 20:00 (세탁기 3대)
- **기숙사 B동 지하 1층 세탁실**
  10:00 ~ 18:30 (세탁기 2대)
  1시간 2,500원 / 2시간 4,000원

※ 세제를 가지고 와야 합니다.

휴게실 이용 안내

〈이용 시간〉

- **위치** : A, B동 1층
- **이용 시간** : 8:00 ~ 23:00

※ 전자레인지를 이용할 수 있습니다.

※ 큰 소리로 이야기하면 안 됩니다.

택배 찾기 안내

- **찾는 곳** : B동 1층 사무실
- **시간**
  평일 8:00 ~ 18:00
  (점심시간 12–13시)
  토 8:00 ~ 13:00
  (점심시간 12–13시)

체육실 이용 안내

- **위치** : A동 2층(여학생만 이용)
  B동 2층
- **이용 시간** : 9:00 ~ 20:00

※ 운동복과 운동화를 가지고 와야 합니다.

※ 음식을 먹으면 안 됩니다.

※ 물, 음료수는 마셔도 됩니다.

· 침대
· 이불
· 베개
· 세탁실
· 세탁기
· 세제
· 대
· 이용
· 이용하다
· 위치
· 전자레인지
· 택배
· 체육실
· 여학생

가. 읽고 이야기해 봅시다.

1. 기숙사에서 무엇을 하면 안 됩니까?
2. 세탁실은 어디에 있습니까?
3. 휴게실은 몇 시부터 몇 시까지 이용할 수 있습니까?
4. 체육실을 이용할 때 무엇을 준비해야 합니까?

나. 윗글을 읽고 맞으면 ○, 틀리면 × 하십시오.

1. A동 세탁실은 B동 세탁실보다 늦게까지 이용할 수 있습니다. (　)
2. 택배를 방으로 배달해 주지 않습니다. (　)
3. 체육실에서 음료수를 마시면 안 됩니다. (　)

다. 읽은 내용을 가지고 친구와 같이 대화를 만들어 봅시다.

가 : ________ 씨, 기숙사 생활이 어때요?
나 : 괜찮아요.
가 : 빨래는 어떻게 해요?
나 : ______________________________.
가 : 세탁기는 어떻게 사용해요?
나 : ______________________________.
가 : ______________________________?
나 : ______________________________.

○ 우리 학교 기숙사는 어떻습니까? 기숙사 이용 방법에 대해서 친구와 이야기해 봅시다.

한국 생활Ⅱ

9과 좋은 집을 찾기가 어렵네요

준비 1

–기 때문에

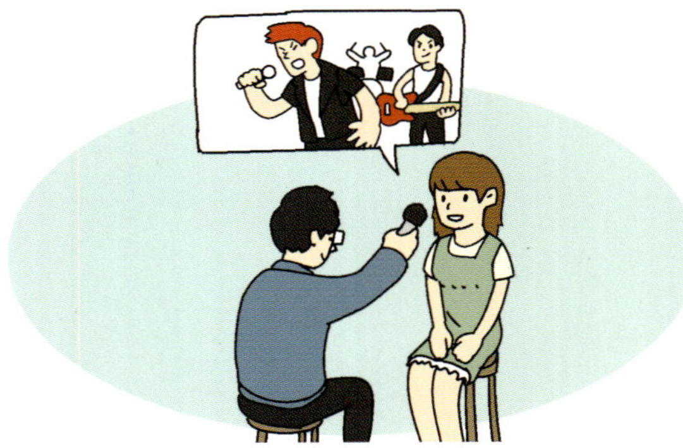

마키 씨는 왜 한국에 오셨습니까?

한국 음악을 좋아하기 때문에 한국에 왔습니다.

연습 1

다음과 같이 묻고 대답해 봅시다.

가 : 왜 학교 식당에 자주 갑니까?
나 : 음식 값이 싸기 때문에 학교 식당에 자주 갑니다.

· 추억

1. 학교 식당에 자주 가다 / 음식 값이 싸다
2. 지하철을 타다 / 지하철이 빠르다
3. 명동에 자주 가다 / 예쁜 옷이 많다
4. 그 물건을 버리지 않다 / 그 물건에 추억이 있다
5. 영화 '사랑'을 봤다 / 좋아하는 배우가 나오다
6. 버스를 타고 왔다 / 제 자동차가 고장 났다

연습 2

다음과 같이 대화를 해 봅시다.

가 : 여행을 자주 갑니까?
나 : 아니요, 여행을 자주 못 갑니다.
가 : 왜요?
나 : 시간이 없기 때문에 자주 갈 수 없습니다.

1. 여행을 자주 가다 / 시간이 없다
2. 매일 아침밥을 먹다 / 아침에 늦게 일어나다
3. 테니스를 자주 치다 / 테니스장이 멀다
4. 아르바이트를 하다 / 공부할 시간이 부족하다
5. 부모님께 전화를 자주 하다 / 전화비가 비싸다
6. 집에서 요리를 하다 / 부엌이 없다

· 테니스장
· 부족하다
· 전화비
· 부엌

연습 3

다음과 같은 사람이 되어 친구와 인터뷰를 해 봅시다.

학생 기자	교수님	학생 기자
외국인 유학생	대학교에 입학하고 싶은 학생	한국어 선생님

가 : 언제 한국에 오셨습니까?
나 : 한국에 온 지 1년 되었습니다.
가 : 왜 한국에 오셨습니까?
나 : 한국 드라마를 좋아하기 때문에 한국에 왔습니다.
⋮

· 외국인
· 유학생
· 입학하다

준비 2

–기가 쉽다/어렵다/힘들다…

왜 이렇게 늦었어요?

길이 복잡해서 집을 찾기가 어려웠어요.

연습 1

다음과 같이 묻고 대답해 봅시다.

어렵다　　쉽다　　좋다　　불편하다　　힘들다

1. **가 :** 이 문제를 풀 수 있어요? (풀다)
   나 : 그럼요. 이 문제는 초등학생 문제이기 때문에 풀기가 쉬워요.
2. **가 :** 뜻을 이해했어요? (이해하다)
   나 : 아니요, 모르는 단어가 많아서 ______________.
3. **가 :** 집을 찾기가 어려웠어요? (찾다)
   나 : 아니요, 아파트이기 때문에 ______________.
4. **가 :** 이 가방을 혼자 들 수 있어요? (들다)
   나 : 아니요, 너무 무거워서 이 가방은 ______________.
5. **가 :** 냉면이 너무 길어요. (먹다)
   나 : 가위로 잘라서 드세요. 그럼 냉면을 ______________.
6. **가 :** 이사한 집은 어때요? (다니다)
   나 : 학교에 올 때 버스를 한 번 갈아타야 해서 ______________.

· 길
· 풀다(문제를)
· 뜻
· 아파트
· 가위

연습 2

다음과 같이 대화를 해 봅시다.

가 : 잡채를 만들어 봤어요?
나 : 네, 만들어 봤어요.
가 : 그래요? 잡채 만들기가 어땠어요?
나 : 요리 방법이 복잡해서 만들기가 어려웠어요.

1. 잡채를 만들다 / 요리 방법이 복잡하다 – 어렵다
2. 한국 뉴스를 듣다 / 모르는 단어가 많다 – 어렵다
3. 한국에서 여름을 지내다 / 덥고 땀이 많이 나다 – 힘들다
4. 기숙사에서 살다 / 네 사람이 한 방에서 살다 – 불편하다
5. 그 구두를 신고 다니다 / 굽이 높다 – 불편하다
6. 혼자 출입국관리사무소에 찾아가다 / 지하철역 옆에 있다 – 쉽다

· 땀
· 굽
· 찾아가다

연습 3

한국 생활에 대해 친구와 같이 이야기해 봅시다

· 편리하다

아르바이트 찾기
한국 뉴스 듣기
한국에서 지하철 이용하기
밤에 쇼핑하기
한국에서 버스 이용하기
음식 주문하기
한국어로 전화하기
한국 드라마 이해하기
인터넷으로 영화표 예매하기

쉽다
힘들다
편리하다
불편하다
좋다
어렵다

가 : 바트 씨, 한국에서 아르바이트 찾기가 어때요?
나 : 아르바이트 찾기가 어려워요.
가 : 왜요?

⋮

대화

9-1

간토야	제프리 씨, 요즘 바빠요?
제프리	네, 요즘 이사할 집을 찾고 있어요.
간토야	또 이사를 하려고 해요?
제프리	네, 지하철역이 멀기 때문에 좀 불편해요. 교통이 편리하고 싼 집이 있었으면 좋겠어요.
간토야	이 근처 부동산에 가 봤어요?
제프리	네. 하지만 좋은 집을 찾기가 어렵네요.

확인해 봅시다

- ✔ 제프리 씨는 요즘 왜 바쁩니까?
- ✔ 제프리 씨는 어떤 집에서 살고 싶습니까?

· 부동산
· 하지만
· 조용하다
· 공장
· 공기
· 월세

○ 다음 표현을 사용해서 위와 같이 대화를 만들어 봅시다.

지하철역이 멀다 / 불편하다	교통이 편리하고 싸다
아래층에 노래방이 있다 / 시끄럽다	조용하고 시장에서 가깝다
근처에 공장이 있다 / 공기가 안 좋다	공기가 깨끗하고 교통이 편리하다
월세가 비싸다 / 안 좋다	월세가 싸고 깨끗하다

활동

집 구하기

○ 여러분은 어떤 집에서 살고 싶습니까? 부동산 직원과 방을 구하는 사람이 되어서 역할극을 해 봅시다.

내가 살고 싶은 집

월세 ________만 원
방 ____ 개
욕실 (   )
화장실 (   )
부엌 (   )
교통 ________

방 있습니다

월세 36만 원
방 1개
화장실 있음
욕실, 부엌 같이 사용
교통 버스 정류장에서 5분

방 있습니다

월세 25만 원
방 1개
욕실, 화장실, 부엌 같이 사용
교통 길음역에서 5분

원룸

월세 40만 원
큰방 1개
화장실, 욕실, 부엌
교통 길음역에서 20분

투룸

월세 50만 원
큰방 1개 작은방 1개
화장실, 욕실, 부엌
위치 국민대학교 근처

가 : 어서 오세요. 어떤 집을 찾으세요?
나 : 월세가 20만 원 정도이고 부엌이 있었으면 좋겠어요.
그리고 방이 넓었으면 좋겠어요.
가 : 이 방은 어때요? 이 방은 ……

○ 마음에 드는 집을 찾았습니까? 왜 그 집에서 살려고 합니까?

읽고 말하기

생각해 봅시다

여러분은 집을 구해 봤습니까? 집을 구할 때 무엇이 어려웠습니까?

읽어 봅시다 9-2

마키 씨는 한국에 온 지 5개월이 되었습니다. 지금 기숙사에 살고 있습니다. 기숙사는 학교에서 가깝고 친구와 함께 살아서 재미있습니다. 하지만 방이 너무 작고 화장실을 같이 쓰기 때문에 불편합니다. 그래서 마키 씨는 이사를 하려고 합니다.

마키 씨는 학교 게시판에 있는 광고를 보고 전화를 했습니다. 그 집은 학교에서 아주 가까웠습니다. 그래서 한번 가 봤습니다. 방이 넓고 화장실이 깨끗했습니다. 그런데 창문이 작아서 너무 어두웠습니다.

마키 씨는 다음 날 다른 집에 가 봤습니다. 그 집은 창문이 커서 밝았습니다. 그런데 1층에 노래방과 편의점이 있어서 마음에 안 들었습니다. 좋은 집을 찾기가 정말 힘들었습니다.

마지막으로 마키 씨는 부동산에 갔습니다. 부동산에서 여러 집을 소개해 줬습니다. 그중에서 마키 씨는 마음에 드는 집을 찾았습니다. 그 집은 학교에서 멀지만 넓고 조용했습니다. 그리고 월세도 비싸지 않았습니다. 다음 달에 마키 씨는 그 집으로 이사를 할 겁니다.

가. 읽고 이야기해 봅시다.

1. 마키 씨는 왜 이사를 하려고 합니까?
2. 광고를 보고 간 집은 어땠습니까?
3. 마키 씨가 이사할 집은 어떤 집입니까?

나. 윗글을 읽고 맞으면 ○, 틀리면 × 하십시오.

1. 마키 씨는 세 달 전에 한국에 왔습니다. ( )
2. 두 번째 집은 아래층에 노래방이 있어서 싫었습니다. ( )
3. 마키 씨는 학교 게시판에서 본 집에서 살 겁니다. ( )

· 게시판
· 광고
· 한번
· 마지막
· 그중

다. ________에 주의하면서 듣고 따라 해 봅시다. 9-3

1. 기숙사는 방이 너무 작고 화장실을 같이 쓰기 때문에 불편합니다.
2. 그 집은 창문이 커서 밝았습니다.
3. 방이 넓고 화장실이 깨끗했습니다.

라. 마키 씨는 한국 친구에게 전화를 할 겁니다. 읽은 내용을 가지고 마키 씨와 지훈 씨의 대화를 만들어 봅시다.

마키	여보세요, 지훈아.
지훈	마키야, 안녕. 잘 지내?
마키	요즘 좀 바빴어.
지훈	왜 바빴어?
마키	____________________.
지훈	너 지금 어디 살아?
마키	____________________.
지훈	그런데 왜 이사를 하려고 해?
마키	____________________.
지훈	그럼 집을 구했어?
마키	응, ____________________.
지훈	그 집이 어때?
마키	____________________.
지훈	그 집을 어떻게 구했어?
마키	____________________.

○ 여러분은 지금 살고 있는 집을 어떻게 구했습니까? 친구와 이야기해 봅시다.

10과 청소는 다 했는데 요리는 아직 못 했어요

준비 1

–는데/(으)ㄴ데[1]

두 분 다 매운 음식을 좋아해요?

아니요, 저는 매운 음식을 좋아하는데 마키는 안 좋아해요.

연습 1

다음과 같이 묻고 대답해 봅시다.

> 가 : __________ 씨와 __________ 씨 동생은 많이 비슷해요?
> 나 : 아니요, 저는 뚱뚱한데 동생은 날씬해요.

1. 뚱뚱하다 – 날씬하다
2. 키가 작다 – 키가 크다
3. 힘이 세다 – 힘이 약하다
4. 매운 음식을 잘 먹다 – 못 먹다
5. 멋있다 – 못생겼다
6. 책을 좋아하는 사람이다 – 책을 싫어하는 사람이다

· 비슷하다
· 힘
· 세다
· 약하다
· 못생기다

연습 2

다음과 같이 대화를 해 봅시다.

가 : ________ 씨랑 친해요?
나 : 네, 아주 친해요.
가 : ________ 씨랑 좋아하는 것이 비슷해요?
나 : 아니요, 저는 운동을 좋아하는데 ________ 씨는 드라마를 좋아해요.

· 활발하다

1. 좋아하는 것 / 운동 – 드라마
2. 좋아하는 음식 / 매운 음식 – 단 음식
3. 좋아하는 영화 / 액션 영화 – 공포 영화
4. 좋아하는 운동 / 야구 –농구
5. 성격 / 활발하다 – 조용하다
6. 취미 / 운동이 취미이다 – 요리가 취미이다

연습 3

다른 사람들은 나와 무엇이 다릅니까? 친구와 같이 이야기해 봅시다.

· 닮다

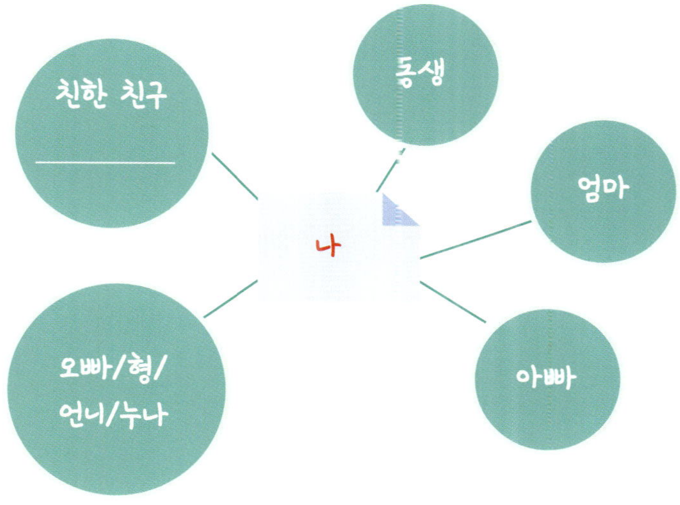

저는 동생이 한 명 있어요. 제 동생이랑 저는 얼굴은 닮았지만 많이 달라요. 동생은 키가 큰데 저는 키가 작아요. 그리고 제 동생은 공부하는 것을 좋아하는데 저는 공부하는 것을 싫어해요.

준비 2

–(으)ㄹ 거예요

바트 씨는 오늘 학교에 안 와요?

아마 이따가 올 거예요.

연습 1

다음과 같이 묻고 대답해 봅시다.

가 : 민아 씨는 지금 뭐 해요?
나 : 저도 잘 몰라요. 아마 집에서 책을 읽을 거예요.

· 아마

1. 집에서 책을 읽다
2. 노래방에서 노래를 부르다
3. 집안일을 하다
4. 남자 친구와 데이트를 하다
5. 도서관에서 시험공부를 하다
6. 부엌에서 음식을 만들다
7. 집에서 음악을 듣다
8. 친구와 여행을 갔다

연습 2

다음과 같이 대화를 해 봅시다.

가 : 오늘 오후 날씨가 어때요?
나 : 아마 비가 올 거예요.
가 : 일기 예보를 봤어요?
나 : 아니요, 구름이 많아서요.

· 일기 예보
· 구름
· 언제나
· 줄
· 서다

1. 오늘 오후 날씨 / 비가 오다 / 일기 예보를 보다 / 구름이 많다
2. 이 영화 / 재미있다 / 이 영화를 보다 / 예매한 사람이 많다
3. 이 책 / 어렵다 / 이 책을 읽다 / 그 소설가의 책이 어렵다
4. 압둘라 씨 성격 / 좋다 / 같은 반이다 / 압둘라 씨가 언제나 웃고 있다
5. 이 휴대 전화 / 편리하다 / 사용해 보다 / 사는 사람이 많다
6. 이 식당 음식 / 맛있다 / 먹어 보다 / 점심 때 사람들이 줄을 서서 기다리다

연습 3

다음과 같은 장소를 친구에게 추천하고 왜 추천했는지 얘기해 봅시다.

- 한국에서 부모님과 함께 갈 곳
- 생일 파티 장소
- 여자/남자 친구와 데이트 장소
- 친구와 함께 여행 갈 곳
- (빈칸)

가 : 부모님이 한국에 오세요. 어디 가면 좋아요?
나 : 인사동에 가세요. 한국 옛날 물건이 많으니까 부모님이 좋아하실 거예요.
가 : 언제 가면 좋아요?
나 : 평일에 가세요. 아마 평일에 사람이 많지 않으니까 구경하기가 좋을 거예요.
가 : 거기에서 뭘 하면 좋아요?

⋮

대화

10-1

장핑	이리나 씨, 파티 준비는 다 끝났어요?
이리나	아니요, 청소는 다 했는데 요리는 아직 못 했어요.
장핑	무슨 음식을 만들려고 해요?
이리나	불고기랑 잡채를 만들려고 해요.
장핑	혼자 하기 힘들 거예요. 제가 가서 도와줄게요.
이리나	정말요? 고마워요.

확인해 봅시다

✓ 이리나 씨는 파티 준비가 다 끝났습니까?

✓ 장핑은 왜 이리나 씨를 도와주려고 합니까?

○ 다음 표현을 사용해서 위와 같이 대화를 만들어 봅시다.

· 정리하다

파티 준비	청소 / 요리	무슨 음식을 만들려고 하다	잡채 / 불고기
이사	청소 / 정리	무엇을 정리해야 하다	책 / 옷
청소	방 / 다른 곳	어디를 청소해야 하다	거실 / 화장실

활동

부탁하기

다음은 해야 할 집안일입니다. 못한 일을 확인한 후에 친구에게 부탁해 봅시다.

파티 준비

쓰레기 버리기
- 일반 쓰레기 (○)
- 재활용 쓰레기 (×)

청소
- 방 청소 (   )
- 화장실 청소 (   )
- 창문 닦기 (   )

음식 준비
- 음료수 (   )
- 케이크 (   )
- 과일 (   )

이사 준비

이사 준비
- 이삿짐 싸기 (   )
- 이삿짐센터 예약하기 (   )
- 도와줄 친구들에게 연락하기 (   )

쓰레기 버리기
- 일반 쓰레기 (   )
- 재활용 쓰레기 (   )

이사할 집 청소
- 방 청소 (   )
- 화장실 청소 (   )
- 창문 닦기 (   )

필요한 물건 사기
- 가구(침대, 책상) (   )
- 컵과 그릇 (   )

가 : 아직 파티 준비가 안 끝났어요. 어떻게 해요?
나 : 제가 도와줄게요. 쓰레기는 다 버렸어요?
가 : 아니요, 일반 쓰레기는 버렸는데 재활용 쓰레기는 못 버렸어요.
나 : 그럼 제가 버릴게요. 또 뭘 도와줄까요? 청소는 다 했어요?

⋮

듣고 쓰기

◯ 생각해 봅시다

급하게 고향에 돌아가야 할 때, 여러분은 누구에게 어떤 부탁을 하겠습니까?

◯ 들어 봅시다 10-2

가. 듣고 이야기해 봅시다.

1. 누나는 왜 오늘 집에 못 들어옵니까?
2. 지훈은 오늘 무엇을 해야 합니까?

나. 다시 한번 듣고 맞으면 ○, 틀리면 × 하십시오.

1. 누나는 오늘 부산에 여행을 갑니다. ( )
2. 지훈은 내일 쓰레기를 버려야 합니다. ( )
3. 누나는 강아지에게 밥을 주고 갔습니다. ( )

다. 다음은 지훈이 누나에게서 들은 것을 메모한 것입니다. 메모를 완성하십시오.

해야 할 일

오늘 : 빨래하기

____

내일 : ____________________

· 출장
· 잊다

라. 잘 듣고 빈칸에 써 봅시다. 10-3

누나	여보세요. 지훈아.
지훈	응, 누나. 왜?
누나	나 오늘 집에 ______________________.
지훈	왜? _________________ 있어?
누나	출장을 가야 해. 그래서 며칠 동안 부산에 ___________________.

마. 잘 듣고 문장을 완성해 봅시다. 10-4

누나	지훈아, 빨래 좀 해. 오늘 안 하면 ____________.
지훈	알았어.
누나	그리고 내일은 ________________________.
지훈	알겠어.
누나	그리고 강아지한테 밥 좀 줘. 배가 고플 거야.
지훈	해피한테 밥 안 주고 갔어?
누나	응, _________________________ 밥은 안 줬어.
지훈	빨래도 해야 하고 쓰레기도 버려야 하고 __________ ________________. 그런데 누나는 언제 올 거야?

○ 같은 반 친구에게 부탁할 것이 있습니까? 친구에게 메모를 남겨 봅시다.

11과 영어를 할 줄 알아요?

준비 1

–(으)면서

지금 뭐 해요?

TV 보면서 밥 먹고 있어요.

연습 1

다음과 같이 묻고 대답해 봅시다.

· 댄스
· 울다
· 슬프다

1. 가 : 마키 씨는 댄스 가수예요? (춤을 추다)
   나 : 네. 그래서 ______________________ 노래를 불러요.

2. 가 : 요리 방법을 알아요? (요리책을 보다)
   나 : 몰라요. 그래서 ______________________ 요리할 거예요.

3. 가 : 벌써 식사 시간이 되었네요. (밥을 먹다)
   나 : 그럼 ______________________ 얘기를 계속할까요?

4. 가 : 선생님이 왜 화가 났어요? (사전을 찾다)
   나 : 한 학생이 시험 시간에 ______________ 문제를 풀었어요.

5. 가 : 비행기에서 뭐 했어요? (음악을 듣다)
   나 : ______________________ 책을 읽었어요.

6. 가 : 그 영화가 어때요? (울다)
   나 : 너무 슬퍼서 ______________ 봤어요.

연습 2

다음과 같이 대화를 해 봅시다.

가 : 바트 씨는 지금 뭐 해요?
나 : 음악을 들으면서 운동을 하고 있어요.
가 : 바트 씨는 다이어트를 하고 있어요?
나 : 잘 모르지만 아마 그럴 거예요.

· 다이어트
· 오랫동안

1. 음악을 듣다 – 운동하다 / 다이어트를 하고 있다
2. 화를 내다 – 친구에게 전화를 하다 / 친구와 문제가 있다
3. 드라마를 보다 – 웃다 / 드라마가 재미있다
4. 웃다 – 미나 씨와 전화하다 / 미나 씨를 좋아하다
5. 신문을 보다 – 아침을 먹다 / 아침에 수업이 없다
6. 기타를 치다 – 노래를 하다 / 오랫동안 기타를 배웠다

연습 3

다음 상황에서 같이 하면 안 되는 것은 무엇입니까? 아래와 같이 대화를 만들어 봅시다.

· 잠시
· 메모
· 껌
· 씹다

가 : 저기요, 잠시만요.
나 : 네? 저요?
가 : 네, 책에 메모를 하면서 읽으면 안 돼요.
나 : 죄송합니다.
가 : 그리고 ……

준비 2

–(으)ㄹ 줄 알다/모르다

자전거를 탈 줄 알아요?

아니요, 탈 줄 몰라요.

연습 1

다음과 같이 묻고 대답해 봅시다.

가 : 운전을 할 줄 알아요?
나 : 네, 할 줄 알아요./아니요, 할 줄 몰라요.

· 오토바이
· 번역하다
· 동영상

1. 운전을 하다
2. 오토바이를 타다
3. 이 문장을 중국말로 번역하다
4. 휴대 전화로 동영상을 찍다
5. 젓가락으로 반찬을 먹다
6. 과자를 만들다

연습 2

다음과 같이 대화를 해 봅시다.

가 : 태권도를 할 줄 알아요?
나 : 아니요, 할 줄 몰라요.
가 : 그래요? 그럼 제가 가르쳐 줄까요?
나 : 정말요? 고마워요.

· 윷놀이
· 담그다(김치를)

1. 태권도를 하다
2. 탁구를 치다
3. 윷놀이를 하다
4. 김치를 담그다
5. 한자를 읽다
6. 케이크를 만들다

연습 3

여러분은 무엇을 할 줄 압니까? 무엇을 할 줄 모릅니까? 친구와 이야기해 봅시다.

· 악기
· 고치다

		이름 :	이름 :
외국어	영어, 일본어, 중국어 ···		
악기	피아노, 기타, 바이올린 ···		
요리	한국 요리, 중국 요리 ···		
운동	수영, 테니스 ···		
마술, 운전, 오토바이, 케이크, 과자, 컴퓨터를 고치다, ···			

가 : 알렉세이 씨는 외국어를 할 줄 알아요?
나 : 네, 영어를 할 줄 알아요.
가 : 그래요? 영어를 배운 지 얼마나 됐어요?
나 : 6년 됐어요.

대화

11-1

장핑 간토야 씨, 지금 뭐 하고 있어요?

간토야 커피를 마시면서 친구랑 얘기하고 있어요. 왜요?

장핑 좋은 아르바이트가 있어서 전화했어요.
간토야 씨, 영어를 할 줄 알아요?

간토야 네, 할 줄 알아요. 미국에서 삼 년 동안 살았어요.

장핑 지금 학교 사무실에서 영어를 잘하는 사람을 찾고 있어요.
한번 가 보세요.

간토야 그래요? 고마워요.

확인해 봅시다

✔ 장핑은 간토야에게 왜 전화를 했습니까?

✔ 간토야는 왜 영어를 잘합니까?

○ 다음 표현을 사용해서 위와 같이 대화를 만들어 봅시다.

· 전공하다
· 전공
· 컴퓨터 공학

커피를 마시다 / 친구랑 얘기하다	영어를 하다	미국에서 삼 년 동안 살았다	학교 사무실 / 영어를 잘하다
드라마를 보다 / 집안일을 하다	일본어를 하다	일본어를 전공했다	학교 사무실 / 일본어를 잘하다
과자를 먹다 / 게임하다	컴퓨터를 고치다	제 전공이 컴퓨터 공학이다	집 근처 컴퓨터 가게 / 컴퓨터를 잘하다
노래를 듣다 / 숙제를 하다	기타를 치다	중학생 때부터 기타를 쳤다	학교 앞 카페 / 기타를 잘 치다

활동

아르바이트 구하기

여러분은 무슨 아르바이트를 하고 싶습니까? 사장님과 아르바이트를 구하는 학생이 되어 역할극을 해 봅시다.

러시아어를 할 줄 아는 사람을 찾습니다
- 하는 일 : 러시아어 번역
- 시　간 : 저녁 6시 ~ 11시
- 시　급 : 6천 원 / 1시간

한러회사

아르바이트 학생을 찾습니다
- 하는 일 : 오토바이 배달
- 시　간 : ____________
- 시　급 : ______원 / 1시간

한국식당

요리사를 찾습니다
- 하는 일 : ________요리
- 시　간 : 낮 11시 ~ 12시
- 시　급 : ______원 / 1시간

봄꽃레스토랑

아르바이트 학생을 찾습니다
- 하는 일 : 기타 연주와 노래
- 시　간 : ____________
- 시　급 : ______원 / 1시간

사랑이 있는 카페

번역할 사람을 찾습니다
- 하는 일 : ________어 번역
- 시　간 : 원하는 시간에
- 2만 원 / 1장

국민출판사

가 : 아르바이트 광고를 보고 전화 드렸어요.
나 : 그래요? 러시아어를 할 줄 알아요?
가 : 네, 할 줄 알아요. 그런데 거기에서 어떤 일을 해야 해요?
나 : 러시아 손님에게 물건을 설명해 주면 돼요.
가 : 몇 시부터 몇 시까지 일해야 해요?
나 : 저녁 6시부터 11시까지 일해야 해요.
가 : 한 시간에 얼마 받을 수 있어요?
⋮

읽고 말하기

○ 생각해 봅시다

여러분은 아르바이트를 해 봤습니까? 어떤 아르바이트를 해 봤습니까? 그 일을 할 때 필요한 것이 있습니까?

○ 읽어 봅시다 11-2

제목	아르바이트를 할 학생을 찾습니다.	글쓴이	명동스타일

저는 명동에서 옷 가게를 하고 있습니다. 요즘 우리 가게에 외국 손님들이 많이 옵니다. 그래서 외국어를 할 줄 아는 사람이 필요합니다. 특히 중국 손님이 많기 때문에 중국어를 잘해야 합니다. 영어도 잘했으면 좋겠습니다. 관심이 있는 학생은 연락하세요.

전화 : 010-4321-1241

ㄴ Re: 아르바이트를 할 학생을 찾습니다 글쓴이: 아자

안녕하세요? 저는 한국어를 배우고 있는 중국 학생입니다. 대학교에서 영어를 전공했기 때문에 영어도 잘합니다. 하지만 9시부터 1시까지 한국어를 공부하기 때문에 2시부터 일할 수 있습니다. 학교에 다니면서 일할 수 있습니까?

ㄴ Re: Re: 아르바이트를 할 학생을 찾습니다 글쓴이: 명동스타일

네, 오후에 손님이 많으니까 2시부터 일해도 돼요. 우리 가게에서 일하고 싶으면 찾아오세요. 오기 전에 전화하세요.

가. 읽고 이야기해 봅시다.

1. 첫 번째 글은 누가 썼습니까?
2. 두 번째 글은 왜 썼습니까?
3. 두 번째 글을 쓴 사람은 어느 나라 말을 할 수 있습니까?

나. 윗글을 읽고 맞으면 ○, 틀리면 × 하십시오.

1. 이 가게에 중국 손님이 많이 옵니다. ( )
2. 이 학생은 오전에 한국어를 배웁니다. ( )
3. 이 학생은 지금 대학교에서 영어를 전공하고 있습니다. ( )

· 제목
· 중국어
· 관심
· 찾아오다

다. ________에 주의하면서 듣고 따라 해 봅시다. 11-3

1. 저는 명동에서 옷 가게를 하고 있습니다.
2. 외국어를 할 줄 아는 사람이 필요합니다.
3. 중국 손님이 많기 때문에 중국어를 잘해야 합니다.
4. 관심이 있는 학생은 연락하세요.

라. 읽은 내용을 가지고 중국 학생과 사장님이 되어 이야기해 봅시다.

가 : 사장님, 안녕하세요? 아르바이트를 하고 싶어서 왔어요.
나 : 그래요? ______________________(으)ㄹ 줄 알아요?
가 : 네, ______________________________.
그런데 몇 시부터 일해야 해요?
나 : 언제 일할 수 있어요?
가 : 제가 1시에 수업이 끝나니까 ____________________.
나 : 오전에는 손님이 많지 않으니까 2시부터 일해도 돼요.
가 : 시급이 얼마예요?
나 : ______________________________.
가 : ______________________________
나 : ______________________________
가 : ______________________________
나 : ______________________________

여러분은 무엇을 할 줄 압니까? 어떤 아르바이트를 하고 싶습니까?
친구와 이야기해 봅시다.

12과 운동을 하려고 스포츠 센터를 찾고 있어요

준비 1

–(으)려고

왜 케이크를 샀어요?

마키 씨에게 주려고 샀어요.

연습 1

다음과 같이 묻고 대답해 봅시다.

가 : 왜 한국어를 공부해요?
나 : 한국에 있는 대학교에 입학하려고 한국어를 공부해요.

1. 한국어를 공부하다 / 한국에 있는 대학교에 입학하다
2. 지갑을 사다 / 친척에게 선물하다
3. 테니스를 치다 / 건강해지다
4. 저를 따라왔다 / 질문을 하다
5. 아르바이트를 하다 / 돈을 벌다
6. 앞에 앉았다 / 선생님 설명을 잘 듣다

· 친척
· 따라오다
· 벌다(돈을)

연습 2

다음과 같이 대화를 해 봅시다.

가 : 여보세요? ____________ 씨, 지금 뭐 하고 있어요?
나 : 친구 생일 때 주려고 선물을 고르고 있어요.
가 : 그래요? 무슨 선물을 줄 거예요?
나 : 지갑을 줄 거예요.

· 만화책

1. 친구 생일 때 주다 – 선물 / 지갑
2. 방학 때 다니다 – 학원 / 외국어 학원
3. 어머니께 드리다 – 케이크 / 딸기 케이크
4. 파티 때 먹다 – 고기 / 돼지고기
5. 심심할 때 읽다 – 책 / 만화책
6. 사촌 결혼식 때 입다 – 치마 / 정장 치마

연습 3

남편과 아내가 되어 아래와 같이 역할극을 해 봅시다.

남편의 쇼핑백

아내의 쇼핑백

· 남편
· 아내
· 쇼핑백

남편 : 뭘 이렇게 많이 샀어요?
아내 : 백화점에서 세일을 해서 쇼핑을 했어요.
남편 : 닭고기는 왜 사 왔어요?
아내 : 아이들이 삼계탕을 좋아해서 삼계탕을 만들려고 사 왔어요.
그런데 휴대 전화는 왜 샀어요?

⋮

준비 2

–(으)ㄹ지 –(으)ㄹ지

간토야 씨, 뭐 드실 거예요?

글쎄요, 물냉면을 먹을지 비빔냉면을 먹을지 생각 중이에요.

연습 1

다음과 같이 묻고 대답해 봅시다.

가 : 어머니께 무슨 선물을 드릴 거예요?
나 : 글쎄요, 건강식품을 드릴지 화장품을 드릴지 아직 결정하지 못했어요.

· 글쎄
· 결정하다
· 건강식품
· 그만

1. 어머니께 무슨 선물을 드리다 / 건강식품을 드리다 – 화장품을 드리다
2. 그 책을 계속 읽다 / 계속 읽다 – 그만 읽다
3. 방학에 뭘 하다 / 방학에 고향에 가다 – 한국에 있다
4. 집까지 어떻게 가다 / 지하철을 타고 가다 – 버스를 타고 가다
5. 오늘 저녁에 뭘 만들다 / 불고기를 만들다 – 만두를 만들다
6. 그 수업을 인터넷에서 듣다 / 인터넷에서 듣다 – 학원에 가서 듣다

연습 2

다음과 같이 대화를 해 봅시다.

가 : ____________ 씨, 뭐 해요?
나 : 생각을 좀 하고 있었어요.
가 : 무슨 생각을 하고 있었어요?
나 : 제가 사는 집이 멀어요. 그래서 계속 그 집에서 살지 이사를 할지 고민하고 있었어요.

· 고민
· 월급
· 사과(하다)
· 말다
· 새것
· 계속하다

1. 제가 사는 집이 멀다 / 그 집에서 계속 살다 – 이사를 하다
2. 제가 다니는 회사가 월급이 적다 / 계속 다니다 – 다른 회사로 가다
3. 집에 친구가 놀러 오다 / 요리를 해서 먹다 – 나가서 밥을 먹다
4. 컴퓨터가 고장 났다 / 고쳐서 쓰다 – 새것을 사다
5. 친구랑 싸웠다 / 먼저 사과를 하다 – 말다
6. 가게에 손님이 많지 않다 / 가게를 계속하다 – 다른 일을 하다

연습 3

다음과 같은 상황을 친구에게 이야기하고 조언을 들어 봅시다.

부모님이 원하는 전공과 내가 원하는 전공이 달라요.

내일부터 시험이 있어요. 그런데 고향에 계신 할아버지가 많이 아프세요.

오늘 늦게 일어났어요. 지금 학교에 가면 수업을 30분만 들을 수 있어요.

한국 음식이 매워서 먹을 수가 없어요. 먹을 수 있는 음식이 없어서 너무 힘들어요.

마리 씨가 휴대 전화로 단어를 찾아서 시험을 잘 봤어요.
그런데 선생님은 모르세요.

대화

12-1

알렉세이　마키 씨, 뭐 하고 있어요?

마키　운동을 하려고 스포츠 센터를 찾고 있어요.

알렉세이　무슨 운동을 하려고 해요?

마키　글쎄요, 요가를 할지 수영을 할지 생각 중이에요.

알렉세이　수영은 어때요? 저도 요즘 수영을 배우고 있어요.

마키　그래요? 그럼 같이 배울까요?

확인해 봅시다

✔ 마키 씨는 무엇을 고민하고 있습니까?

✔ 마키 씨는 무슨 운동을 배우겠습니까?

○ 다음 표현을 사용해서 위와 같이 대화를 만들어 봅시다.

- 스포츠 센터
- 요가
- 스페인어
- 활동
- 동호회

운동을 하다 / 스포츠 센터를 찾다	요가 / 수영	수영
악기를 배우다 / 학원을 찾다	피아노 / 바이올린	바이올린
외국어를 배우다 / 학원을 찾다	중국어 / 스페인어	스페인어
취미 활동을 하다 / 동호회를 찾다	연극 / 마술	마술

활동

취미 활동 알아보기

○ 다음 안내문을 보고 어디에서 취미 활동을 할지 친구와 이야기해 봅시다.

건강태권도

시 간 화, 목 8:00 ~ 9:00
수업료 8만 원
건강빌딩 2층

파이팅태권도

시 간 토요일 2:00 ~ 4:00
수업료 7만 원
파이팅빌딩 4층

행복노래교실

시 간 금요일 7:00 ~ 8:30
수업료 2만 원 / 1개월
행복빌딩 1층

사랑노래교실

시 간 언제든지
수업료 6만 원 / 3개월
사랑빌딩 2층

맛있는 요리교실

메 뉴 불고기, 비빔밥, 냉면, 닭갈비
시 간 일요일 10시 ~ 12시
수업료 10만 원
서울빌딩 3층

재미있는 요리교실

메 뉴 불고기, 김밥, 삼계탕, 떡볶이
시 간 일요일 3시 ~ 5시
수업료 10만 원
국민빌딩 5층

가 : 왕쯔이 씨, 뭐 해요?
나 : 노래를 배우려고 노래 교실을 찾고 있어요.
가 : 그래요? 마음에 드는 곳이 있어요?
나 : 네. 그런데 행복노래교실에서 배울지 사랑노래교실에서 배울지 고민이에요.
가 : 왜요?

⋮

읽고 말하기

○ 생각해 봅시다

여러분은 취미 생활이 있습니까? 취미 생활을 하면 어떤 점이 좋습니까?

○ 읽어 봅시다 12-2

오늘 투이 씨는 도자기 수업이 있어서 문화 센터에 갑니다. 그래서 투이 씨는 아침부터 기분이 좋습니다. 매주 토요일에 투이 씨는 문화 센터에서 도자기 만드는 것을 배웁니다.

처음 한국에 왔을 때 투이 씨는 친구가 없어서 한국 생활이 재미없었습니다. 그래서 투이 씨는 친구를 사귀려고 문화 센터에 가 봤습니다. 거기에는 요가, 기타, 노래, 요리, 도자기 등 다양한 수업이 있었습니다. 투이 씨는 요리를 배울지 도자기를 배울지 고민을 했습니다. 그런데 요리 수업은 벌써 신청이 끝났기 때문에 투이 씨는 도자기 수업을 신청했습니다.

도자기 수업에는 아주머니들이 많이 옵니다. 수업이 끝나면 투이 씨는 아주머니들과 같이 식사를 하고 이야기를 합니다. 그래서 요즘 투이 씨는 한국 생활이 즐거워졌습니다.

이번 주말에 투이 씨는 아주머니들과 같이 이천 도자기 축제에 가려고 합니다. 거기에서 도자기를 구경하고 맛있는 음식도 먹을 겁니다. 투이 씨는 그날을 기다리고 있습니다.

- 도자기
- 문화 센터
- 매주
- 신청
- 즐겁다
- 이천
- 그날

가. 읽고 이야기해 봅시다.

1. 투이 씨는 처음에 왜 문화 센터에 갔습니까?
2. 투이 씨가 관심이 있는 수업은 무엇이었습니까?
3. 투이 씨는 도자기를 배운 후 무엇이 달라졌습니까?

나. 윗글을 읽고 맞으면 ○, 틀리면 × 하십시오.

1. 문화 센터에는 여러 가지 수업이 많습니다. (　)
2. 투이 씨는 요리가 재미없어져서 요리 수업을 신청하지 않았습니다. (　)
3. 이번 주말에 투이 씨는 이천 축제에서 도자기를 만들 겁니다. (　)

다. ________에 주의하면서 듣고 따라 해 봅시다. 12-3

1. 투이 씨는 요리를 배울지 도자기를 배울지 고민을 했습니다.
2. 수업이 끝나면 투이 씨는 아주머니들과 같이 식사를 하고 이야기를 합니다.
3. 거기에서 도자기를 구경하고 맛있는 음식도 먹을 겁니다.

라. 읽은 내용을 대화로 완성해 봅시다.

지훈	투이 씨, 오늘 좋은 일이 있어요?
투이	네, 오늘 ____________________는 날이에요.
지훈	어디에서 도자기를 만들어요?
투이	________________________________.
지훈	도자기를 만드는 것이 재미있어요?
투이	네.
지훈	같이 배우는 사람들은 학생들이에요?
투이	________, ________________________.
지훈	한국 아주머니들하고 친해요?
투이	네, 수업이 끝나면 ____________________. 이번 주말에는 ____________________.
지훈	거기에서 뭘 할 거예요?
투이	________________________________. 주말이 빨리 왔으면 좋겠어요.

○ 여러분의 한국 생활을 달라지게 한 것이 있습니까? 친구와 얘기해 봅시다.

문화 Culture

주민 자치센터 문화 프로그램
Culture Programs in Community service centers

2016년(7월·8월·9월) 주민자치센터
프로그램 수강생 모집

모집기간 2016. 6. 13. - 6. 30. 선착순
운영기간 2016. 7. 1. - 9. 30.
운영장소 ㅇㅇ동 주민자치센터

프로그램 운영내용

프로그램명	운영일시 요일	운영일시 시간	모집인원	개강일
기타교실	목	16:00 ~ 18:00	20명	7.7(목)
탁구교실	화, 금	19:30 ~ 20:30	20명	7.1(금)
댄스스포츠	월, 수	20:40 ~ 21:40	30명	7.4(월)
노래교실	수	14:00 ~ 16:00	40명	7.6(수)
요가교실(주간)	월, 수	10:00 ~ 11:00	25명	7.4(월)
요가교실(야간)	월, 수	19:30 ~ 20:30	25명	7.4(월)
풍물교실	목	19:00 ~ 21:00	30명	7.7(목)

신청자격 ㅇㅇ동 거주자
접수 및 문의처 ㅇㅇ동 사무소 내 주민자치위원회 ☎ 000-0000
접수방법 방문접수
수강료 과목당 10,000원/월 (접수시 납부) ※ 교재비·재료비는 본인 부담
유의사항
수강료 3개월분(30,000원)을 수강신청 시 주민자치위원회에 미리 납부하셔야 합니다.

ㅇㅇ동 주민자치위원회

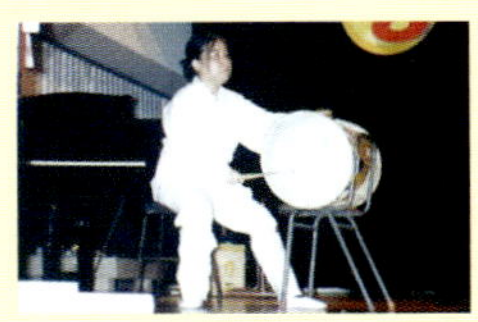

A community service center is a place that is in charge of administrative and civil affairs for the community people. Recently, however, community service centers offer classes for various hobbies such as yoga, dance, musical instruments, singing, cooking, and exercises. Community service center classes are offered at an affordable price, so they are perfect for people who want to start a new hobby.

Community service center classes are open to foreigners or people from out of the community. However, when there are too many applicants, people of the relevant community have priority. Community service centers in each area recruits students monthly, or once in three months at a first come first serve base, so it would be good to check their recruiting schedules in advance.

People who are interested in participating in the classes can get information from the homepage. If you are living in Seoul, you can get information from a smart phone application 'City of Seoul Community Center Classes'.

해 봅시다. Let's try.

1. 집 근처에 있는 주민 자치센터에 어떤 문화 프로그램이 있는지 찾아봅시다.

   Let's find what kind of cultural programs are offered by your nearest community center.

2. 인터넷이나 스마트폰 애플리케이션을 통해 다른 지역의 주민 자치센터 문화 프로그램을 알아봅시다.

   Using the Internet or smart phone applications, find cultural center programs offered by community centers in other areas.

음식

13과 불고기를 만들어 봅시다

준비 1

–게

어떻게 자를까요?

짧게 잘라 주세요.

연습 1

다음과 같이 묻고 대답해 봅시다.

가 : 크게 말하세요.
나 : 네, 크게 말할게요.

· 썰다

1. 크다 – 말하다
2. 예쁘다 – 찍다
3. 맵지 않다 – 만들다
4. 작다 – 썰다
5. 재미있다 – 이야기하다
6. 따뜻하다 – 입다
7. 깨끗하다 – 청소하다

연습 2

다음과 같이 대화를 해 봅시다.

가 : 당근을 너무 크게 썰었어요.
나 : 너무 커요?
가 : 네, 조금 작게 써세요.
나 : 알겠어요. 작게 썰게요.

1. 당근을 썰다 – 크다 / 작다
2. 찌개를 끓이다 – 짜다 / 싱겁다
3. 글씨를 쓰다 – 작다 / 크다
4. 이야기를 만들다 – 짧다 / 길다
5. 옷을 입다 – 얇다 / 두껍다
6. 떡볶이를 만들다 – 맵다 / 맵지 않다

· 당근
· 짜다
· 싱겁다
· 얇다
· 두껍다

연습 3

우리 반 친구들에 대해서 다음과 같이 이야기하 봅시다.

가 : 우리 반에서 누가 재미있게 이야기해요?
나 : 재미있게 이야기하는 사람은 장핑 씨예요.

누구예요?	이름 :	이름 :
재미있게 이야기하는 사람	장핑	
예쁘게 웃는 사람		
글씨를 예쁘게 쓰는 사람		
학교에 늦게 오는 사람		
옷을 ________ 입는 사람		
________게 이야기하는 사람		

준비 2

–(으)ㅂ시다

선생님, 힘들어요.

그럼 좀 쉽시다.

연습 1

다음과 같이 묻고 대답해 봅시다.

가 : 쉴까요?
나 : 네, 쉽시다./아니요, 쉬지 맙시다.

· 기르다

1. 쉬다
2. 지금 먹다
3. 불고기를 시키다
4. 강아지를 기르다
5. 과일을 사다
6. 음악을 듣다
7. 빨리 걷다
8. 김밥을 만들다

연습 2

다음과 같이 대화를 해 봅시다.

가 : 요리 학원에서 한국 요리를 배우려고 해요.
나 : 저도 배우고 싶어요.
가 : 그럼 같이 배울까요?
나 : 네, 좋아요. 같이 배웁시다.

· 아프리카
· 아시아

1. 요리 학원에서 한국 요리를 배우다
2. 내일 자전거를 타다
3. 방학 때 아프리카로 여행을 가다
4. 수업 후에 아시아 음식을 먹다
5. 김밥을 만들다
6. 한국 영화 수업을 듣다

연습 3

어느 식당에 가서 무슨 음식을 먹고 싶습니까? 친구들과 다음과 같이 이야기해 봅시다.

가 : 오늘 저녁을 같이 먹을까요?
나 : 네, 좋아요.
가 : 무슨 음식을 먹고 싶어요?
나 : 한국 음식을 먹고 싶어요. 맛있는 식당을 알아요?
가 : 네, 불고기가 맛있는 식당을 알아요. 거기에 갑시다.
나 : 어디에 있어요?
가 : 강남역 근처에 있어요.
나 : 학교에서 너무 멀지 않아요?
⋮

· 국수

명동만두
- 위치: 명동
- 맛있는 음식: 만두

※ 점심시간에 사람이 많아요.
※ 근처에 화장품 가게와 옷 가게가 많아요.

강남불고기
- 위치: 강남역 근처
- 맛있는 음식: 불고기

※ 비싸요.
※ 학교에서 멀어요.

삼청국수집
- 위치: 삼청동
- 맛있는 음식: 국수

※ 김치가 맛있어요.
※ 경복궁이 가까워요.

대화

13-1

요리 선생님	오늘은 불고기를 만들어 봅시다. 먼저 준비한 양념장을 고기에 넣으세요.
투이	네. 그다음에 무엇을 해야 해요?
요리 선생님	양파와 당근을 작게 써세요.
투이	네. (잠시 후) 야채를 다 썰었어요. 또 무엇을 할까요?
요리 선생님	프라이팬에 고기를 넣고 볶으세요. 그다음에 야채를 넣고 같이 볶으세요.

확인해 봅시다

✔ 투이 씨는 어디에서 무엇을 하고 있습니까?

✔ 야채는 어떻게 썰어야 합니까?

· 양념장
· 양파
· 프라이팬
· 볶다
· 제육볶음
· 파
· 가늘다
· 닭갈비
· 고구마
· 오징어볶음
· 오징어
· 양배추

○ 다음 표현을 사용해서 위와 같이 대화를 만들어 봅시다.

불고기	고기	양파, 당근	작다
제육볶음	돼지고기	당근, 파	가늘다
닭갈비	닭고기	고구마, 양파	얇다
오징어볶음	오징어	양배추, 파	크다

활동

약속하기

여러분은 우리 반 친구와 무엇을 하고 싶습니까? 반 친구들과 약속을 정해 봅시다.

- 등산
-
-
-

- 영화
- 이리나
- 토요일 학교 앞 3시

나

- 쇼핑
-
-
-

	월	화	수	목	금	토	일
하고 싶은 일						영화	
같이 하고 싶은 사람						이리나	
만나는 장소						학교앞	
만나는 시간						3시	

가 : 이리나 씨, 토요일 오후에 시간이 있어요?
나 : 네, 있어요. 왜요?
가 : 영화를 보러 가려고 해요. 시간이 있으면 같이 갈까요?
나 : 네, 좋아요. 같이 갑시다.
가 : 어디에서 만날까요?
나 : ______________________________.

읽고 쓰기

◯ 생각해 봅시다

여러분은 어떤 요리를 해 봤습니까? 한국에서 무슨 음식을 먹어 봤습니까? 해물 파전을 먹어 봤습니까? 만드는 방법을 압니까?

◯ 읽어 봅시다 13-2

해물 파전

재료: 파, 밀가루 2컵, 오징어 1마리, 새우 200g, 빨간 고추 2개, 계란 1개, 소금, 기름

만드는 방법

1. 파와 고추를 깨끗하게 씻습니다.
2. 오징어와 새우를 깨끗하게 씻습니다.
3. 오징어는 길게 썰고 새우는 작게 썹니다.
4. 고추를 작고 예쁘게 썹니다.
5. 밀가루에 소금을 조금 넣은 후에 물을 넣고 섞습니다. 그다음에 계란을 넣고 잘 섞습니다.
6. 프라이팬에 기름을 넣고 파를 그 위에 길게 놓습니다.
7. 파 위에 오징어와 새우를 놓고 '5번'을 붓습니다.
8. 그 위에 고추를 예쁘게 놓습니다.
9. 다 익으면 뒤집습니다.
10. 맛있게 먹습니다.

가. 윗글은 무슨 글입니까?

나. 윗글을 읽고 맞으면 ○, 틀리면 × 하십시오.

1. 밀가루에 계란을 넣습니다. ( )
2. 오징어와 새우는 크게 썹니다. ( )
3. 파를 작게 썹니다. ( )

· 고추
· 해물 파전
· 밀가루
· 새우
· 소금
· 기름
· 섞다
· 붓다
· 익다
· 뒤집다
· 요리법

다. 그림을 보고 순서를 써 봅시다.

( ) (1) ( ) ( ) ( ) ( ) (7)

라. ________에 주의하면서 듣고 따라 해 봅시다. 13-3

1. 파와 고추를 깨끗하게 씻습니다.
2. 새우는 작게 썹니다.
3. 밀가루에 소금을 조금 넣은 후에 물을 넣고 섞습니다.

마. 읽은 내용을 대화로 만들어 봅시다.

요리 선생님	오늘은 해물 파전을 만들어 봅시다. 먼저 준비한 재료를 깨끗하게 씻으세요.
학생	________________
요리 선생님	________________
학생	________________
요리 선생님	________________
학생	________________
요리 선생님	________________
학생	________________
요리 선생님	________________
학생	________________
요리 선생님	________________

○ 여러분이 잘 만드는 음식은 무엇입니까? 요리법을 써 봅시다.

요리 이름: ______

재료: ______

만드는 방법

1. ______
2. ______
3. ______
4. ______

14과

불고기가 맛있다고 해요

준비 1

−(으)ㄹ까요?[2]

이따가 비가 올까요?

아마 올 거예요.

연습 1

다음과 같이 묻고 대답해 봅시다.

가 : 내일 산에 가려고 해요. 날씨가 좋을까요?
나 : 아마 좋을 거예요./아마 좋지 않을 거예요.

· 도착하다

1. 내일 산에 가려고 하다 / 날씨가 좋다
2. 한국 요리를 배우려고 하다 / 어렵다
3. 오늘 저녁에 파티를 할 것이다 / 친구들이 많이 오다
4. 남자 친구 생일에 시계를 줄 것이다 / 남자 친구가 좋아하다
5. 마키 씨가 아직 오지 않다 / 출발했다
6. 오늘 아침에 장핑 씨가 고향에 갔다 / 고향에 잘 도착했다

연습 2

다음과 같이 대화를 해 봅시다.

가 : 한국 요리를 배우려고 해요. 인터넷으로 배우면 어려울까요?
나 : 아마 어려울 거예요.
가 : 그럼 요리 학원에서 배우면 어떨까요?
나 : ______________________________.

· 시립 도서관
· 오래

1. 한국 요리를 배우다 / 인터넷 – 어렵다 / 요리 학원
2. 옷을 사다 / 백화점 – 비싸다 / 시장
3. 점심에 학생식당에 가다 / 1시 – 복잡하다 / 2시쯤
4. 시험 때 도서관에서 공부하다 / 학교 도서관
   – 사람이 많다 / 시립 도서관
5. 명동에 가다 / 버스 – 길이 막히다 / 지하철
6. 주말에 부산에 가다 / 친구 자동차 – 오래 걸리다 / 기차

연습 3

고향에 있는 가족과 친구들은 지금 무엇을 할까요? 다음과 같이 친구와 이야기해 봅시다.

가 : 알렉세이 씨, 여자 친구는 지금 어디에 있을까요?
나 : 아마 커피숍에 있을 거예요.
가 : 무엇을 할까요?
나 : 커피를 마시면서 이야기하고 있을 거예요.
가 : 누구하고 있을까요?
나 : 아마 학교 친구들이랑 있을 거예요.
⋮

준비 2

-다고 하다

바트 씨가 김치찌개를 먹을까요?

네, 먹을 거예요. 매운 음식을 좋아한다고 했어요.

연습 1

다음과 같이 묻고 대답해 봅시다.

가 : 투이 씨가 뭐라고 했어요?
나 : 매운 음식을 잘 먹는다고 했어요.

1. 투이: 매운 음식을 잘 먹어요.
2. 마키: 집에서 볶음밥을 만들어요.
3. 알렉세이: 한국 음식이 매워요.
4. 카오루: 부모님이 선물을 받고 기뻐하셨어요.
5. 압둘라: 작년 여름은 아주 더웠어요.
6. 간토야: 점심에 친구랑 햄버거를 먹을 거예요.
7. 왕쯔이: 아버지가 공무원이에요.

· 볶음밥
· 기쁘다
· 햄버거
· 공무원

연습 2

다음과 같이 대화를 해 봅시다.

가 : 압둘라 씨, 투이 씨한테서 전화 왔어요.
나 : 아, 그래요? 투이 씨가 뭐라고 했어요?
가 : 늦게 올 거라고 했어요.
나 : 왜요?
가 : 늦게 일어났다고 했어요.

· 퇴근하다
· 급하다
· 지키다(약속을)

1. 
투이
늦게 올 거예요. / 늦게 일어났어요.

2. 
마키
늦게 퇴근할 거예요. / 회사에 급한 일이 있어요.

3. 
알렉세이
같이 밥을 못 먹어요. / 배가 아파요.

4. 
카오루
시험을 볼 수 없어요. /

5. 
제프리
약속을 지킬 수 없어요. /

6. 
간토야
오늘 영화를 보고 싶지 않아요. /

연습 3

친구에게 생일에 대해서 질문해 봅시다. 그리고 들은 이야기를 다음과 같이 다른 친구에게 전해 줍시다.

	질문	이름: 이리나	이름:
1	생일이 언제예요?	3월 1일	
	생일에 보통 무엇을 해요?		
	뭐 먹어요?		
2	작년 생일에 뭐 했어요?		
	누구를 만났어요?		
	무슨 선물을 받았어요?		
3	다음 생일에 뭐 할 거예요?		
	무슨 음식을 먹을 거예요?		
	어디에서 먹고 싶어요?		
	무슨 선물을 받고 싶어요?		

가 : 윤아 씨, 누구랑 이야기했어요?
나 : 이리나 씨랑 이야기했어요.
가 : 이리나 씨 생일이 언제라고 했어요?
나 : 3월 1일 ________________.
⋮

대화

14-1

마키	주말에 친구가 한국에 와서 같이 식사를 하려고 해요. 어디에 가면 좋을까요?
제프리	서울식당이 유명하다고 해요.
마키	그래요? 제프리 씨도 가 봤어요?
제프리	아니요, 저는 아직 안 가 봤어요. 그런데 그 식당 불고기가 맛있다고 해요.
마키	제 친구가 좋아할까요?
제프리	외국 사람이 많이 가니까 친구도 좋아할 거예요.

확인해 봅시다

- ✔ 마키 씨는 왜 좋은 식당을 찾습니까?
- ✔ 제프리 씨는 어디를 추천했습니까? 그 이유는 무엇입니까?

○ 다음 표현을 사용해서 위와 같이 대화를 만들어 봅시다.

· 서울시립미술관
· 추천하다

식사를 하다	서울식당 / 유명하다	그 식당 불고기가 맛있다
서울 구경을 하다	남산 / 좋다	남산에서 보는 경치가 아름답다
미술관에 가다	서울시립미술관 / 좋다	좋은 그림이 많다
쇼핑을 하다	동대문 시장 / 싸다	옷이 많고 예쁘다

활동

정보 전달하기

◯ 여러분은 음식을 싸고 맛있게 먹을 수 있는 곳을 압니까? 물건을 싸게 살 수 있는 곳을 압니까? 친구들에게 물어보십시오. 들으면서 메모하십시오.

식당

- 식당 이름: ____________
- 무슨 음식이 맛있어요?
- 얼마예요?
- 어디에 있어요?
- 친절해요?
- 깨끗해요?

쇼핑

-
-
-
-
-
-

배달 음식

-
-
-
-
-
-

-
-
-
-
-
-

◯ 위에서 이야기한 것을 다른 친구에게 전해 줍시다.

가 : 윤아 씨, 누구랑 이야기했어요?
나 : ________ 씨랑 이야기했어요.
가 : ________ 씨가 어느 식당이 좋다고 했어요?
나 : ________________________________.
가 : ________ 씨가 무슨 음식이 맛있다고 했어요?
나 : ________________________________.
⋮

◯ 친구에게 들은 곳 중에서 어디가 가장 마음에 듭니까? 왜 그곳이 마음에 듭니까?

읽고 말하기

◯ 생각해 봅시다

여러분은 기억에 남는 식당이 있습니까? 왜 그 식당이 기억에 남습니까?

◯ 읽어 봅시다 14-2

저는 지난 주말에 친구들과 태국 식당 '뜨랑'에 갔다 왔습니다. 그 식당은 다양한 태국 음식을 먹어 볼 수 있는 곳입니다. 서울에서 자동차로 2시간쯤 걸렸습니다. 식당 근처에는 큰 호수와 산이 있어서 경치가 아주 아름다웠습니다. 그리고 공기도 맑아서 기분이 아주 좋았습니다. 식당 안에는 여러 나라의 물건들이 많아서 분위기가 외국 같았습니다.

우리는 식사를 주문하고 이야기를 하고 있었습니다. 그때 주인 부부가 와서 저에게 "어느 나라 사람이에요?" 하고 물었습니다. 저는 "태국에서 왔어요." 하고 대답했습니다. 주인아저씨는 "우리도 태국에서 5년 동안 살았어요. 아주 아름다운 나라예요." 하고 말했습니다. 저는 "그런데 왜 식당 이름이 '뜨랑'이에요?" 하고 물었습니다. 주인 부부는 태국에서 여행한 도시 '뜨랑'에서 처음 만났다고 했습니다. 그리고 태국에서 여행한 도시 중에서 '뜨랑'이 제일 좋았다고 했습니다. 그래서 한국에 와서 이 식당을 열었다고 했습니다.

주인 부부는 아주 친절했습니다. 오랜만에 제가 좋아하는 고향 음식도 먹을 수 있어서 좋았습니다. 나중에 다시 가서 맛있는 음식을 먹으면서 즐거운 시간을 보내고 싶습니다.

- 분위기
- 부부
- 열다(가게를)

가. 읽고 이야기해 봅시다.

1. 이 글을 쓴 사람은 지난 주말에 어디에 갔다 왔습니까?
2. 이 글을 쓴 사람은 그곳에서 누구와 태국 이야기를 했습니까?
3. 왜 식당 이름이 '뜨랑'입니까?

나. 윗글을 읽고 맞으면 ○, 틀리면 × 하십시오

1. 식당 주인은 '뜨랑'에 가 봤습니다. (　)
2. 이 글을 쓴 사람은 친구와 태국에 여행하러 갔습니다. (　)
3. 이 글을 쓴 사람은 식당에 온 손님과 이야기를 했습니다. (　)

다. ________에 주의하면서 듣고 따라 해 봅시다. 14-3

1. 그 식당은 다양한 태국 음식을 먹어 볼 수 있는 곳입니다.
2. 공기도 맑아서 기분이 아주 좋았습니다.
3. 그래서 한국에 와서 이 식당을 열었다고 했습니다.

라. 읽은 내용을 대화로 만들어 봅시다.

식당 주인	어서 오세요. 무엇을 드릴까요?
나	볶음국수하고 볶음밥 주세요.
식당 주인	여기 음식이 나왔습니다.
나	감사합니다.
식당 주인	외국 사람이에요? 어느 나라 사람이에요?
나	태국 사람이에요.
식당 주인	________________
나	________________
식당 주인	________________
나	________________
식당 주인	________________
나	________________
식당 주인	________________
나	________________

○ 여러분은 소개하고 싶은 식당이 있습니까? 왜 그 식당을 소개하고 싶습니까?

15과 친구 어머니께서 오라고 하셨어요

준비 1

-냐고 하다

어머니께서 뭐라고 했어요?

요즘 어떻게 지내냐고 하셨어요.

연습 1

다음과 같이 묻고 대답해 봅시다.

가 : 투이 씨가 뭐라고 했어요?
나 : 초콜릿을 좋아하냐고 했어요.

· 초콜릿
· 빌딩
· 오르다
· 세탁소

1.  투이 — 초콜릿을 좋아해요?
2.  마키 — 고향에 빌딩이 많아요?
3.  알렉세이 — 고향 음식을 자주 만들어요?
4.  장핑 — 점수가 올랐어요?
5.  간토야 — 한국 사람 집에 가 봤어요?
6.  왕쯔이 — 방학에 고향에 갈 거예요?
7.  압둘라 — 세탁소가 어디예요?

연습 2

다음과 같이 대화를 해 봅시다.

가 : 선생님을 만났어요? 선생님이 뭐라고 하셨어요?
나 : 2급 공부가 어떠냐고 하셨어요.
가 : 그래서 뭐라고 대답했어요?
나 : ______________________________.

1. 선생님	2급 공부가 어때요?	재미있어요.
2. 상담 선생님	한국 생활이 힘들어요?	힘들지 않아요.
3. 도서관 선생님	학생증이 있어요?	없어요.
4. 친구	시험에 합격했어요?	떨어졌어요.
5. 선배	주말에 어디에 갈 거예요?	
6. 후배	책을 빌려줄 수 있어요?	
7. 친구	지금 어디 가?	

· 상담
· 합격하다
· 떨어지다(시험에)
· 후배

연습 3

한국에 와서 많이 듣는 질문이 무엇입니까? 다음과 같이 친구와 이야기해 봅니다.

가 : 수업 첫날 선생님이 많이 하는 질문이 뭐예요?
나 : 한국에 온 지 얼마나 됐냐고 해요. 그리고 왜 한국어를 배우냐고 해요.
⋮

· 첫날

- 수업 첫날 선생님이 많이 하는 질문
- 소개팅에서 만난 사람이 많이 하는 질문
- 같은 반 친구가 많이 하는 질문
- 전화할 때 부모님이 많이 하는 질문
- 처음 만났을 때 한국 사람이 자주 하는 질문
- 전화할 때 남자/여자 친구가 많이 하는 질문

준비 2

–(으)라고 하다

한국에 오기 전에 어머니가 뭐라고 하셨어요?

열심히 공부하라고 했어요.

연습 1

다음과 같이 묻고 대답해 봅시다.

가 : 선생님이 뭐라고 하셨어요?
나 : 날마다 숙제를 꼭 하라고 했어요.

1. 날마다 숙제를 꼭 하세요.
2. 숙제 노트를 여기에 놓으세요.
3. 들어올 때 문을 닫으세요.
4. 라디오를 틀지 마세요.
5. 늦게 오지 마세요.
6. 친구에게 비밀을 말하지 마세요.
7. 더우니까 문 좀 열어 주세요.
8. 책이 무거우니까 도와주세요.

· 틀다
· 비밀

연습 2

다음과 같이 대화를 해 봅시다.

가 : ________ 씨, 선생님이 뭐라고 하셨어요?
나 : 발표를 준비하라고 하셨어요.
가 : 그리고요?
나 : 사진도 가지고 오라고 하셨어요.

· 틀리다
· 내다(숙제를)
· 과식하다

1. 선생님 — 발표를 준비하세요. / 사진도 가지고 오세요.
2. 선생님 — 틀린 문제를 다시 쓰세요. / 늦게 내지 마세요.
3. 선생님 — 늦게 오지 마세요. / 자리에 앉으세요.
4. 의사 선생님 — 날마다 운동을 하세요. / 과식하지 마세요.
5. 선배 — 한국에서 사는 동안 열심히 공부해. / 여행도 많이 해.
6. 친구 — 다음 주에 여행 가방을 빌려주세요. / 카메라도 빌려주세요.

연습 3

우리 반 친구에게 부탁하고 싶은 것이 있습니까? 부탁하고 싶은 것을 써서 다른 친구에게 전해 달라고 부탁해 봅시다.

투이 씨,
문 옆에 앉았으니까 문 좀 열어 주세요.
— 마키

장핑 씨,
수업 시간에 고향 말을 하지 마세요.
— 마키

마키 씨가 투이 씨에게 문 옆에 앉았으니까 문 좀 열어 달라고 했어요.
마키 씨가 장핑 씨에게 수업 시간에 고향 말을 하지 말라고 했어요.

대화

15-1

간토야	알렉세이 씨, 어제 생일에 뭐 했어요?
알렉세이	한국 친구 집에 갔다 왔어요. 친구 어머니께서 오라고 하셨어요.
간토야	무슨 음식을 먹었어요?
알렉세이	미역국을 먹었어요. 한국 사람들은 생일에 미역국을 먹는다고 해요.
간토야	그래요? 맛있었어요?
알렉세이	네, 맛있어서 두 그릇을 먹었어요.

확인해 봅시다

- 알렉세이 씨는 왜 친구 집에 갔다 왔습니까?
- 알렉세이 씨는 무슨 음식을 먹었습니까?

○ 다음 표현을 사용해서 위와 같이 대화를 만들어 봅시다.

어제 생일	한국 친구 집 / 친구 어머니	미역국	두 그릇
설날	선생님 댁 / 선생님	떡국	두 그릇
추석	한국 선배 집 / 선배 부모님	송편	스무 개

· 설날
· 댁
· 떡국
· 추석
· 송편

활동

정보 전달하기

◯ 여러분은 학교에 오지 않은 친구가 모르는 것이 있으면 어떻게 합니까? 여러분이 알고 있는 것을 친구에게 전해 주십시오.

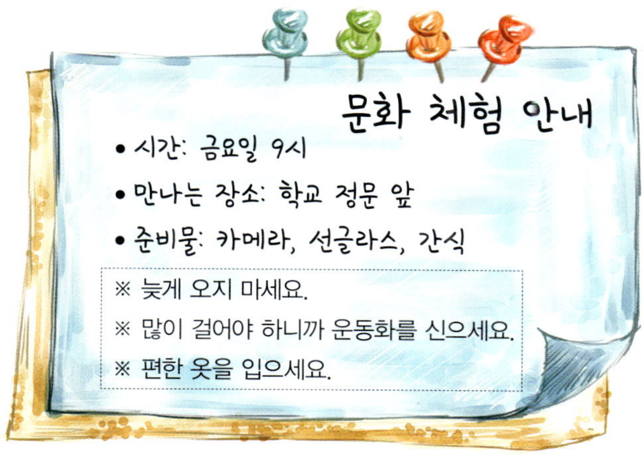

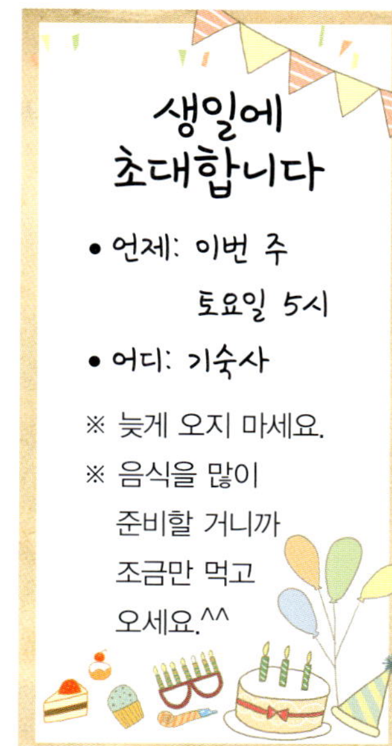

◯ 위에서 이야기한 것을 다른 친구에게 전해 줍시다.

가 : 여보세요? 오늘 왜 학교에 안 왔어요?
나 : 아파서 못 갔어요.
가 : 알렉세이 씨가 생일 파티를 한다고 했어요.
나 : 그래요? 언제 한다고 했어요?
가 : ______________________________.
나 : 몇 시에 한다고 했어요?
가 : ______________________________.
나 : 또 뭐라고 했어요?
가 : ______________________________.
⋮

듣고 말하기

· 인터뷰
· 전통
· 말씀

생각해 봅시다

여러분은 한국 음식 만드는 것을 배워 봤습니까? 어디에서 배웠습니까? 어땠습니까?

들어 봅시다. 15-2

가. 듣고 이야기해 봅시다.

1. 여자의 직업은 무엇입니까?
2. 여자는 얼마 동안 요리를 했습니까?
3. 여자는 누구한테서 요리를 배웠습니까?

나. 다시 한번 듣고 맞으면 ○, 틀리면 × 하십시오.

1. 여자의 할머니는 식당에서 요리를 하셨습니다. ( )
2. 한국 음식은 야채로 만든 음식이 많아서 건강에 좋습니다. ( )
3. 여자는 외국에 가서 외국 요리도 배울 것입니다. ( )

다. 잘 듣고 빈칸에 써 봅시다. 15-3

기자	선생님께서는 ____년 동안 요리를 하셨습니다. 처음에 ______ 요리를 시작하셨습니까?
김영숙 선생님	제가 __________ 집에 손님이 많이 오셨습니다. 그래서 할머니와 어머니께서 항상 음식을 준비하셨어요.
기자	그래서 요리에 ______________ 생기셨어요?
김영숙 선생님	네, 두 분이 요리하시는 것을 자주 봤기 때문에 __________________ 생겼습니다. 그래서 요리를 _________________ 했어요.

라. 잘 듣고 문장을 완성해 봅시다. 15-4

기자	그래서 요리를 시작하셨군요. 요즘 외국에서 ______________________ 합니다. 선생님, 외국 사람들이 왜 한국 음식을 좋아할까요?
김영숙 선생님	요즘 한국 드라마나 영화가 외국에서 인기가 많습니다. 그래서 ________________ 관심이 많아졌어요. 또 한국 음식은 ____________________기 때문에 건강에도 좋습니다.
기자	아, 그렇군요. 마지막 질문입니다. ______________________________ 있으십니까?
김영숙 선생님	외국 사람들에게 한국 요리를 가르치려고 합니다. __________ 한국 문화도 함께 소개하고 싶습니다.
기자	네, 오늘 말씀 감사합니다. 지금까지 한국 전통 요리를 하시는 김영숙 선생님의 이야기를 들었습니다.

○ 여러분이 기자가 되어 친구를 인터뷰해 봅시다. 친구에게 알고 싶은 것을 물어보십시오.

질문	대답
처음에 왜 한국어를 배우기 시작했습니까?	

16과 길이 막힐 테니까 일찍 출발하세요

준비 1

-자고 하다

바트 씨가 뭐라고 했어요?

바트 씨가 같이 사진을 찍자고 했어요.

연습 1

다음과 같이 묻고 대답해 봅시다.

가 : 투이 씨가 뭐라고 했어요?

나 : 영화를 보러 극장에 가자고 했어요.

· 극장
· 계단
· 떠들다

1. 투이 — 영화를 보러 극장에 갑시다.
2. 마키 — 같이 음식을 만듭시다.
3. 알렉세이 — 계단으로 가지 말고 엘리베이터를 탑시다.
4. 카오루 — 오늘은 피곤하니까 내일 합시다.
5. 압둘라 — 비가 오니까 산에 가지 맙시다.
6. 간토야 — 도서관이 조용하니까 떠들지 맙시다.
7. 왕쯔이 — 마키 씨가 파티 준비를 하니까 도와줍시다.

연습 2

다음과 같이 대화를 해 봅시다.

가 : 카오루 씨, 지금 뭐 해요? 바빠요?
나 : 아니요, 안 바빠요. 왜요?
가 : 바트 씨가 영화 보러 가자고 했어요. 같이 갈 수 있어요?
나 : ______________________.

· 시내

1. 
바트
영화 보러 갑시다.

2. 
간토야
오후에 같이 김밥을 만듭시다.

3. 
제프리
시내에 가서 맛있는 음식을 먹읍시다.

4. 
장핑
도서관에 가서 같이 책을 읽을까요?

5. 
지훈
공원에 가서 같이 걸을까요?

6. 
압둘라
축구합시다.

7. 
마키
왕쯔이 씨가 이사하니까 도와줍시다.

연습 3

우리 반 친구에게 다음과 같이 전하고 싶은 말을 써 봅시다. 그리고 친구에게서 받은 메모를 전달해 봅시다.

· 알리다

카오루 씨에게,

일요일에 이리나 씨하고 같이 놀이공원에 갈까요?
같이 가고 싶으면 아침 9시에 명동 지하철역에서 만납시다.

— 마키

ps. 이리나 씨에게도 알려 주세요.

______ 씨에게,

______ 씨에게,

______ 씨에게,

카오루 마키 씨가 놀이공원에 같이 가자고 했어요.
이리나 아, 그래요? 어디에서 만나자고 했어요?

⋮

준비 2

–(으)ㄹ 테니까[1]

이따가 비가 올 테니까 우산을 가지고 가세요.

네, 고마워요.

연습 1

다음과 같이 묻고 대답해 봅시다.

가 : 시험공부를 많이 해야 해요?
나 : 네, 시험이 어려울 테니까 공부를 많이 하세요.

1. 공부를 많이 하다 / 시험이 어렵다
2. 따뜻하게 입다 / 내일 특별히 춥다
3. 일찍 출발하다 / 지금 차가 많이 밀리다
4. 선생님께 나중에 전화하다 / 지금은 선생님이 전화 받기가 어렵다
5. 일찍 집에 들어가다 / 저녁에 눈이 오다
6. 친구를 도와주다 / 이사할 때 힘들다
7. 지금 선생님께 전화하다 / 선생님이 걱정하시다

· 특별히
· 걱정하다

연습 2

다음과 같이 대화를 해 봅시다.

가 : 주말에 영화관에 가려고 해요.
나 : 주말에요? 그때는 사람이 많을 거예요.
가 : 그래요? 그럼 어떻게 하면 좋을까요?
나 : 주말에는 표를 사기가 어려울 테니까 미리 예매하세요.

· 미리
· 자리

1. 영화관에 가다 / 표 사기가 어렵다 – 미리 예매하다
2. 유명한 식당에 가다 / 오래 기다려야 하다 – 미리 예약하다
3. 제주도에 가다 / 비행기표가 비싸다 – 평일에 가다
4. 백화점에 가다 / 쇼핑하기가 힘들다 – 월요일에 가다
5. 도서관에 가다 / 자리가 없다 – 아침 일찍 가다
6. 전시회에 가다 / 구경하기가 힘들다 – 다른 날 가다

연습 3

그림을 보고 다음과 같이 친구와 이야기해 봅시다.

가 : 어디에 가요?
나 : 식당에 가요.
가 : 지금은 안 가는 게 좋을 거예요.
나 : 왜요?
가 : 지금은 사람이 많을 테니까 이따가 가세요.

⋮

대화

16-1

투이　이번 토요일에 시간 있어요?

장핑　특별한 일은 없어요. 왜요?

투이　윤아 씨가 토요일에 대학로에서 닭갈비를 먹자고 했어요.

장핑　좋아요. 몇 시에 만나자고 했어요?

투이　6시 반에요. 그런데 토요일 저녁에는 길이 막힐 테니까 일찍 출발하세요.

장핑　알겠어요. 토요일에 봐요.

확인해 봅시다

- 투이 씨와 장핑 씨는 언제 어디에 갈 겁니까?
- 투이 씨가 장핑 씨에게 왜 일찍 출발하라고 했습니까?

○ 다음 표현을 사용해서 위와 같이 대화를 만들어 봅시다.

· 마르다(목이)

대학로에서 닭갈비를 먹다	6시 반	토요일 저녁에는 길이 막히다	일찍 출발하다
등산을 가다	오전 10시	더워서 목이 마르다	물을 준비하다
남산에 가다	오후 5시	산 위는 춥다	따뜻하게 입고 오다
놀이공원에 가다	오전 9시	많이 걸으면 다리가 아프다	운동화를 신고 오다

활동

정보 전달하기

◯ 여러분은 시험이 끝난 후에 무엇을 하고 싶습니까? 친구와 이야기해 봅시다.

- 언제:
- 누구랑:
- 어디:
-
-

가고 싶은 곳

먹고 싶은 음식

◯ 같이 가고 싶은 친구를 더 찾아 봅시다.

가 : 투이 씨, 시험이 끝난 다음에 시간이 있어요?
나 : 네, 특별한 일은 없어요. 왜요?
가 : ________ 씨가 시험이 끝난 다음에 노래방에 가자고 했어요.
같이 갈까요?

⋮

읽고 말하기

생각해 봅시다

여러분은 한국 친구 집에 가 봤습니까? 어땠습니까?

읽어 봅시다 16-2

저는 한국에 온 지 4개월이 되었습니다. 한국에 와서 한국 친구들을 많이 사귀었습니다. 그중에서 제일 친한 친구가 김윤아 씨입니다. 지난 토요일에 윤아 씨가 저를 집으로 초대했습니다.

저는 한국 사람 집에 가는 것이 처음이어서 걱정을 많이 했습니다. 그래서 인터넷에서 한국의 식사 예절을 찾아봤습니다. 한국에서는 식사할 때 밥그릇을 들고 먹으면 안 됩니다. 또 어른이 식사하기 전에 먼저 먹으면 안 됩니다. 그리고 어른이 식사를 끝낼 때까지 자리에 앉아서 기다려야 합니다.

저는 토요일에 케이크를 가지고 윤아 씨 집에 갔습니다. 윤아 씨는 할아버지, 할머니, 부모님, 언니, 오빠와 함께 살고 있습니다. 윤아 씨 가족이 친절해서 마음이 편했습니다. 윤아 씨 어머니께서 같이 식사를 하자고 하셨습니다. 식탁에는 맛있는 한국 음식이 많았습니다. 저는 배가 고팠지만 어른들이 식사를 시작하실 때까지 기다렸습니다. 또 밥그릇을 들고 먹는 것이 편했지만 그렇게 하지 않았습니다. 가족과 같이 이야기를 하면서 식사를 하니까 더 맛있었습니다. 윤아 씨 집에서 즐거운 시간을 보냈습니다.

저는 형제가 없고 할아버지, 할머니와 따로 살기 때문에 윤아 씨가 부러웠습니다. 집에 갈 때 윤아 씨 어머니가 말씀하셨습니다.

"혼자 살면 심심할 테니까 자주 놀러 와요."

윤아 씨 어머니가 그렇게 말씀해 주셔서 정말 고마웠습니다. 윤아 씨 가족의 따뜻한 마음을 잊을 수 없을 겁니다.

- 걱정
- 예절
- 찾아보다
- 밥그릇
- 식탁
- 형제
- 따로

가. 읽고 이야기해 봅시다.

1. 이 사람은 인터넷에서 무엇을 찾아봤습니까?
2. 한국에 어떤 식사 예절이 있습니까?
3. 이 사람이 집에 돌아가기 전에 윤아 씨 어머니는 뭐라고 하셨습니까?

나. 윗글을 읽고 맞으면 ○, 틀리면 × 하십시오.

1. 한국에서는 밥그릇을 들고 먹으면 안 됩니다. (   )
2. 이 사람은 배가 고파서 먼저 식사를 했습니다. (   )
3. 이 사람은 윤아 씨가 가족이 많아서 부러웠습니다. (   )

다. __________에 주의하면서 듣고 따라 해 봅시다. 16-3

1. 저는 한국 사람 집에 가는 것이 처음이어서 걱정을 많이 했습니다.
2. 저는 배가 고팠지만 어른들이 식사를 시작하실 때까지 기다렸습니다.
3. 밥그릇을 들고 먹는 것이 편했지만 그렇게 하지 않았습니다.

라. 읽은 내용을 대화로 만들어 봅시다.

윤아	엄마, 제 친구 마키예요.
윤아 어머니	어서 와요. 이야기 많이 들었어요.
마키	초대해 주셔서 감사합니다.
윤아 어머니	____________ 얼마나 되었어요?
마키	______________________________.
윤아 어머니	______________________________.
마키	______________________________.
윤아 어머니	______________________________.
마키	______________________________.
윤아 어머니	____________(으)ㄹ 테니까 ____________(으)세요.
마키	네, 감사합니다. 나중에 ______________.

○ 한국 사람 집에 가 봤습니까? 어땠습니까? 이야기해 봅시다.

교통

17과

책상을 주문하셨지요?

문법 -지요?, -다가

18과

친구하고 약속이 있거든요

문법 -(으)ㄴ 덕분에, -거든요

19과

요금이 얼마인지 알아요?

문법 -(으)려면, -는지/(으)ㄴ지 알다/모르다

20과

버스가 고장 나서 탔다가 내렸어요

문법 (이)나, -았다가/었다가

17과 책상을 주문하셨지요?

준비 1

–지요?

이리나 씨, 오늘 날씨 참 좋지요?

네, 좋아요.

연습 1

다음과 같이 묻고 대답해 봅시다.

가 : 길 찾기가 쉽지요?
나 : 네, 쉬워요.

· 인형
· 기억하다
· 금방

1. 길 찾기가 쉽다
2. 제 이름을 기억하다
3. 한국 인형이 예쁘다
4. 어제 피곤했다
5. 이번 시험이 어려웠다
6. 작년 여름에 비가 많이 왔다
7. 금방 도착할 것이다
8. 국민대학교 학생이다

연습 2

다음과 같이 대화를 해 봅시다.

가 : ________ 씨, 한국에서 대중교통을 이용해 봤지요?
나 : 네, 이용해 봤어요.
가 : 어땠어요?
나 : ________________________.

· 대중교통
· 스마트폰
· 촬영하다

1. 한국에서 대중교통을 이용해 봤다
2. 인터넷 쇼핑을 해 봤다
3. 스마트폰으로 지도를 찾아봤다
4. 어제 음악회에 갔다
5. 이 카메라로 동영상을 촬영해 봤다
6. 지난달에 토픽(TOPIK) 시험을 봤다
7. 제주도에서 한라산에 올라갔다

연습 3

내가 알고 있는 것을 친구에게 확인해 봅시다.

선생님	• 한국 사람들은 생일에 미역국을 먹어요.	○ ×
	• 한국 사람들은 모두 태권도를 할 수 있어요.	○ ×
	•	○ ×
______ 씨	• 노래를 잘해요.	○ ×
	•	○ ×
	•	○ ×
______ 씨	•	○ ×
	•	○ ×
	•	○ ×

가 : 선생님, 한국 사람들은 생일에 미역국을 먹지요?
나 : 네, 먹어요. 어떻게 알았어요?
가 : ________________________.
⋮

준비 2

-다가

왜 늦게 왔어요?

미안해요. 학교에 오다가 제프리 씨를 만났어요.

연습 1

다음과 같이 묻고 대답해 봅시다.

가 : 숙제를 다 했어요?
나 : 아니요, 어제 숙제를 하다가 잤어요.

· 중간
· 내려오다
· 꿈
· 꾸다

1. 숙제를 다 했다 / 어제 숙제를 하다 - 자다
2. 어제 공부를 많이 했다 / 공부하다 - 자다
3. 약속 장소에 잘 도착했다 / 버스에서 자다 - 못 내리다
4. 어제 등산 잘했다 / 비가 와서 올라가다 - 중간에 내려오다
5. 영화가 재미있었다 / 보다 - 나오다
6. 잘 잤다 / 무서운 꿈을 꿔서 자다 - 일어나다

연습 2

다음과 같이 대화를 해 봅시다.

가 : 길을 잘 못 찾겠어요. 어떻게 가야 해요?
나 : 지금 어디에 계세요?
가 : 국민편의점 앞에 있어요.
나 : 그럼 국민편의점 앞에서 똑바로 오다가 첫 번째 사거리에서 왼쪽으로 오세요.

· 첫 번째
· 두 번째
· 세 번째

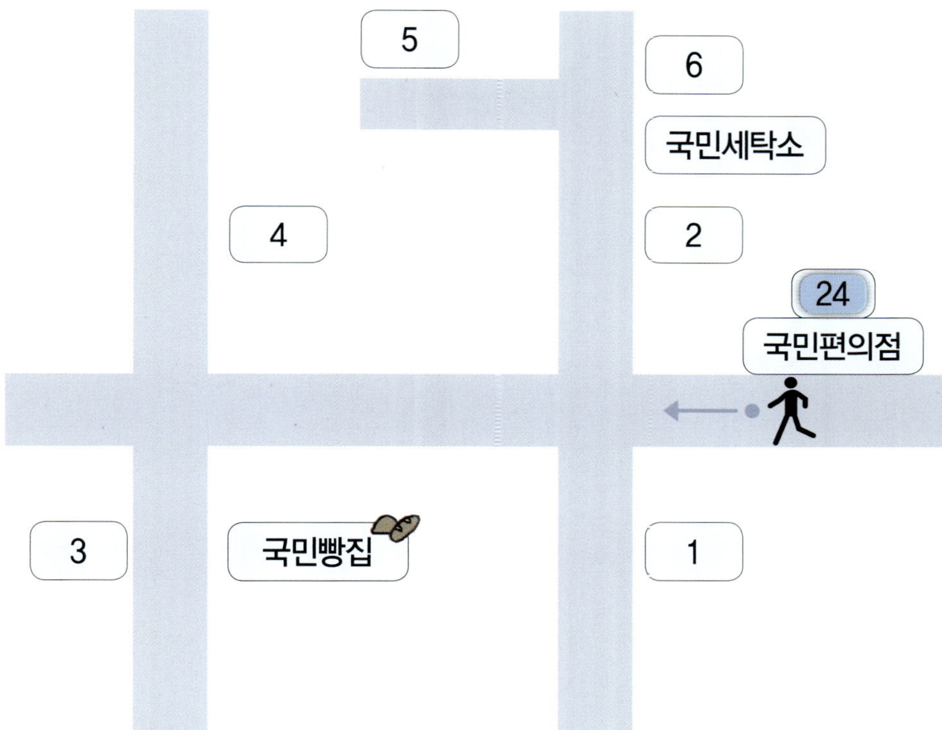

연습 3

· 명동역
· 충무로역
· 안국역
· 북촌한옥마을
· 신촌역
· 을지로3가역
· 창덕궁
· 용산역

그림을 보고 길을 알려 주십시오.

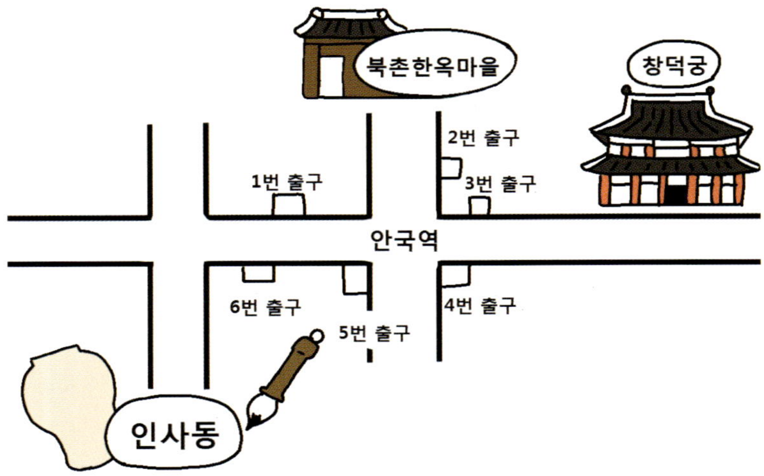

	지금 있는 곳	갈아타는 곳	내리는 곳	가고 싶은 곳
1	명동역(4호선)	충무로역(3호선)	안국역	인사동
2	길음역(4호선)	충무로역(3호선)	안국역	북촌한옥마을
3	신촌역(2호선)	을지로3가역(3호선)	안국역	창덕궁
4	용산역(1호선)	종로3가역(3호선)	안국역	인사동

가 : 지금 명동역에 있어요. 인사동에 어떻게 가야 해요?
나 : 지하철 4호선을 타고 가다가 충무로역에서 3호선으로 갈아타세요.
가 : 그다음에 어떻게 가야 해요?
나 : 안국역에서 내리세요. 6번 출구로 나가서 똑바로 가다가 첫 번째 사거리에서 왼쪽으로 가세요.

대화

17-1

택배 기사	여보세요. 하나쇼핑몰에서 책상을 주문하셨지요? 오늘 1시쯤 배달을 하려고 합니다.
이리나	1시에는 집에 없는데요. 3시에 오실 수 있어요?
택배 기사	네, 그럼 그때 가겠습니다.

(몇 시간 후)

택배 기사	여보세요. 택배 기사입니다. 지금 집 근처에 왔어요. 그런데 골목이 많아서 집 찾기가 어렵네요.
이리나	어디에 계세요?
택배 기사	국민마트 앞입니다.
이리나	거기에서 똑바로 오다가 첫 번째 골목에서 오른쪽으로 들어오세요.

확인해 봅시다

✔ 택배 기사는 왜 전화를 했습니까?

✔ 이리나 씨 집은 국민마트 앞에서 어떻게 가야 합니까?

- 쇼핑몰
- 배달
- 기사
- 골목
- 책장
- 청소기
- 삼거리

○ 다음 표현을 사용해서 위와 같이 대화를 만들어 봅시다.

책상	오늘 1시 – 3시	골목이 많다	첫 번째 골목에서 오른쪽으로 들어오다
책장	오늘 – 토요일	처음 오는 곳이다	두 번째 사거리에서 오른쪽으로 들어오다
세탁기	오늘 5시 – 내일 오후	비슷한 집이 많다	세 번째 골목에서 왼쪽으로 들어오다
청소기	내일 오전 – 모레	이곳은 처음이다	삼거리에서 오른쪽으로 들어오다

활동

길 안내하기

◯ 친구가 집에 오려고 합니다. 먼저 집 약도를 그리고 친구에게 집에 오는 방법을 설명해 봅시다.

<집 약도>

◯ 친구가 지금 ○○역에 있습니다. 친구에게 집까지 오는 방법을 알려 주십시오

가 : 왕쯔이 씨, 집에 놀러 가도 돼요?
나 : 그럼요, 오세요.
가 : 왕쯔이 씨 집이 어디예요?
나 : 길음역에서 가까워요. ______________ 씨 집은 어디예요?
가 : 사당역 근처예요.
나 : 그럼 4호선을 타고 오다가 길음역에서 내려서 전화하세요.
(잠시 후)
가 : 지금 길음역에 도착했어요. 여기에서 어떻게 가야 해요?
⋮

듣고 말하기

○ 생각해 봅시다

여러분은 쇼핑한 후에 택배로 물건을 받아 봤습니까? 물건을 받기 전에 전화로 이야기를 해 봤습니까?

○ 들어 봅시다. 17-2

가. 듣고 이야기해 봅시다.

1. 김지훈 씨는 왜 국민쇼핑몰에 전화를 했습니까?
2. 김지훈 씨는 언제 소파를 받을 수 있습니까?
3. 택배 기사는 소파를 언제 배달하려그 합니까?

나. 다시 한 번 듣고 맞으면 ○, 틀리면 × 하십시오.

1. 김지훈 씨는 주문한 소파를 바꾸었습니다. (   )
2. 김지훈 씨는 주문한 지 3일 후에 소파를 받았습니다. (   )
3. 김지훈 씨 집은 행복은행에서 가깝습니다. (   )

다. 잘 듣고 빈칸에 써 봅시다. 17-3

지훈 여보세요.
여직원 네, 국민쇼핑몰입니다. 무엇을 도와 드릴까요?
지훈 지난주에 소파를 __________했습니다. 그런데 아직도 안 왔어요. 그래서 __________ 전화를 했습니다.
여직원 죄송합니다. __________이 어떻게 되십니까?
지훈 김지훈입니다.

· 늦어지다

라. 잘 듣고 문장을 완성해 봅시다. 17-4

택배 기사	택배입니다. 오늘 ________ 하는데요. 그때 집에 계십니까?
지훈	네, 있어요.
택배 기사	그런데 ____________________________?
지훈	네, 맞아요.
택배 기사	거기에서 어떻게 가야 됩니까?
지훈	은행 앞에서 ______________________ 들어오세요.
택배 기사	네, 알겠습니다.

물건을 주문하고 배달을 받을 때 여러 상황이 있습니다. 아래 상황에 맞게 친구와 같이 대화를 만들어 봅시다. 대화를 만들어서 연습한 후 친구들 앞에서 역할극을 해 봅시다.

- **상황** 주문한 물건이 오지 않아요.
- **이유** 주문한 색깔이 없어요.
- **나** 주문한 물건을 취소할 거예요.

가 : 여보세요, 국민쇼핑몰이지요?

나 : 네, 맞습니다. 무엇을 도와 드릴까요?

가 : 주문한 물건이 오지 않아서 전화했어요.

나 : 성함이 어떻게 되십니까?

가 : ____.

나 : 파란색 가방을 주문하셨지요?

가 : ____.

나 : ____

가 : ____

나 : ____

- **상황** 택배 기사는 금요일 오전에 배달하려고 해요.
- **나** 금요일 오전에는 학교에 가기 때문에 집에 없어요.
  그래서 금요일 3시쯤에 물건을 받고 싶어요.
- **택배 기사** 금요일 오후에는 배달할 물건이 많아요.
  그래서 배달할 수 없어요.

가 : ________ 씨 맞지요?

나 : 네, 맞는데요. 무슨 일이세요?

가 : 주문하신 책상을 금요일 오전에 배달하려고 합니다.

나 : ____________________

가 : ____________________

나 : ____________________

가 : ____________________

나 : ____________________

가 : ____________________

나 : ____________________

18과 친구하고 약속이 있거든요

준비 1

–(으)ㄴ 덕분에

왕쯔이 씨, 이사 잘 했어요?

네, 친구들 덕분에 빨리 끝났어요.

연습 1

다음과 같이 묻고 대답해 봅시다.

1. 가 : 한국어 실력이 많이 좋아졌네요. (선생님)
   나 : 선생님 덕분에 실력이 좋아졌어요.
2. 가 : 한국 생활에 익숙해졌지요? (기숙사 친구)
   나 : 네, ____________________ 빨리 익숙해졌어요.
3. 가 : 예쁜 블라우스를 싸게 잘 샀네요. (친구가 싸게 파는 가게를 알려 주다)
   나 : 네, ____________________ 잘 살 수 있었어요.
4. 가 : 한국 생활이 힘들었어요? (친구들이 도와주다)
   나 : 아니요, ____________________ 힘들지 않았어요.
5. 가 : 집을 잘 구했어요? (친구가 소개해 주다)
   나 : 네, ____________________ 좋은 집을 구했어요.
6. 가 : 시험 잘 봤네요. (날마다 복습을 하다)
   나 : ____________________ 잘 봤어요.

· 덕분
· 실력
· 익숙하다
· 블라우스
· 구하다
· 복습

연습 2

다음과 같이 대화를 해 봅시다.

가 : 한국어가 많이 늘었네요.
나 : 한국어를 공부할 때 친구가 많이 도와줬어요.
가 : 아, 그래요?
나 : 네, 친구 덕분에 한국어가 많이 늘었어요.

1. 한국어가 많이 늘다 / 한국어를 공부하다 – 친구
2. 좋은 집을 잘 구하다 / 집을 구하다 – 영국 친구
3. 좋은 일자리를 찾다 / 일자리를 찾다 – 선배
4. 한국어 발음이 좋아지다 / 연습하다 – 기숙사 친구
5. 이번 토픽(TOPIK) 시험을 잘 보다 / 시험 준비를 하다 – 선생님
6. 가구를 싸게 사다 / 가구를 사러 다니다 – 친구

·영국
·늘다
·일자리
·가구

연습 3

힘들 때 도와준 사람이 있습니까? 고마운 사람에 대해 친구와 이야기해 봅시다.

- 고향에서 유학을 준비할 때
- 처음 한국에 온 날
- 휴대 전화를 살 때
- 한국에서 처음 은행에 간 날
- 1급에서 한국어를 공부할 때

·유학

준비 2

-거든요

내일 같이 영화 볼까요?

미안해요. 내일 시험이 있거든요.

연습 1

다음과 같이 묻고 대답해 봅시다.

가 : 한국 영화를 자주 봐요?
나 : 네, 한국어를 빨리 배울 수 있거든요.

· 뛰어가다

1. 한국 영화를 자주 보다 / 한국어를 빨리 배울 수 있다
2. 동대문 시장에 자주 가다 / 싸고 예쁜 옷이 많다
3. 지하철을 타다 / 지하철이 빠르다
4. 요즘 운동을 안 하다 / 감기에 걸렸다
5. 시험을 못 봤다 / 시험이 어려웠다
6. 약속 장소에 뛰어갔다 / 약속 시간에 늦었다
7. 향수를 사다 / 내일이 여자 친구 생일이다

연습 2

다음과 같이 대화를 해 봅시다.

가 : 오늘 같이 숙제할까요?
나 : 미안해요. 오늘은 시간이 없어요.
가 : 왜요?
나 : 바트 씨가 이사해서 도와줘야 하거든요.

· 고모
· 고모부

1. 오늘 – 숙제하다 / 바트 씨가 이사해서 도와줘야 하다
2. 내일 – 시내에 가다 / 아내 생일이어서 선물을 사야 하다
3. 수요일 – 영화를 보다 / 다른 약속이 있다
4. 다음 주 – 부산에 가다 / 고모와 고모부가 오시다
5. 토요일 – 남산에 가다 / 집을 구하러 부동산에 가야 하다
6. 일요일 – 등산 가다 / ____________________
7. 방학 – 제주도에 가다 / ____________________

연습 3

다음과 같이 친구와 이야기해 봅시다.

가 : 자주 가는 식당이 어디예요?
나 : 명동식당이에요. 싸고 맛있거든요.
가 : 무슨 음식이 맛있어요?
⋮

좋아하는 배우/가수 | 받고 싶은 선물 | 가고 싶은 곳

한국에서 자주 가는 식당/커피숍/슈퍼마켓/쇼핑 장소

대화

18-1

마키 압둘라 씨, 어디 가요?

압둘라 이태원에 가요. 친구하고 약속이 있거든요.

마키 그럼 143번 버스를 타세요.

압둘라 버스를 타는 게 더 좋아요? 저는 항상 지하철만 탔어요.

마키 버스를 타면 한 번에 가니까 편해요.

압둘라 마키 씨 덕분에 좋은 정보를 알았어요. 고마워요.

확인해 봅시다

✔ 압둘라 씨는 무엇을 타고 이태원에 가려고 했습니까?

✔ 마키 씨는 압둘라 씨에게 무엇을 알려 주었습니까?

· 정보
· 수원
· 좌석 버스

○ 다음 표현을 사용해서 위와 같이 대화를 만들어 봅시다.

이태원	친구하고 약속이 있다	143번 버스 / 지하철	한 번에 가다
공항	오늘 부모님이 오시다	버스 / 지하철	갈아타지 않다
수원	거기서 고향 친구를 만나다	좌석 버스 / 지하철	앉아서 가다
남이섬	친구가 가고 싶어 하다	지하철 / 버스	싸고 쉽게 가다

활동

여러 나라의 교통수단 말하기

다음은 어느 나라의 교통수단일까요? 여러분 나라에서는 어떤 교통수단을 자주 이용합니까? 여러 나라의 교통수단에 대해서 이야기해 봅시다.

우리나라에서는 가까운 곳에 갈 때 오토바이를 많이 타요.
오토바이는 주차하기가 쉽거든요. 그리고 먼 곳에 갈 때는 ……
⋮

읽고 쓰기

○ 생각해 봅시다

여러분은 블로그에 글을 써 봤습니까? 무엇에 대해 썼습니까?

○ 읽어 봅시다 18-2

마키의 한국 생활

홈　사진　동영상　알림　방명록

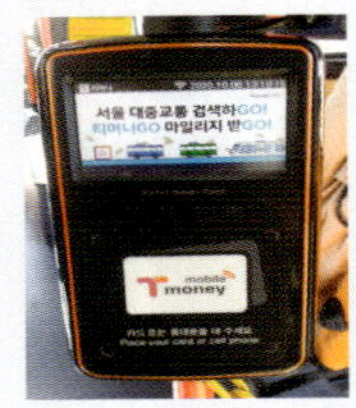

오늘은 한국에서 지하철과 버스를 이용하는 방법을 알려 드리려고 해요.

먼저, 한국에서는 사람들이 보통 교통 카드를 사용해요. 교통 카드를 이용하면 아주 편리해요. 교통 카드가 있으면 버스나 지하철을 갈아탈 때 따로 돈을 내지 않아도 돼요. 한국에서는 버스를 탈 때와 내릴 때 교통 카드를 단말기에 대야 해요. 그렇게 하지 않으면 갈아탈 때 할인을 받을 수 없거든요. 저는 처음에 그것을 몰라서 할인을 받지 못했어요.

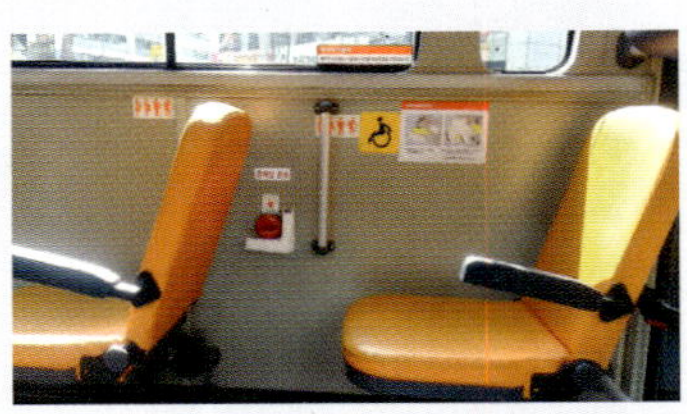

다음으로 주의해야 할 것을 알려 드릴게요. 한국 지하철과 버스에는 노약자석이 있어요. 젊은 사람들은 보통 이곳에 앉지 않아요. 저는 지난주에 너무 피곤해서 노약자석에 앉았어요. 그런데 사람들이 저를 이상하게 봤어요. 저는 그 이유를 몰랐어요. 일본에서는 피곤할 때 앉았거든요. 그런데 한국에서는 달랐어요.

또 한 가지가 있어요. 한국 버스는 아주 빨라요. 한국에서 처음 버스를 탔을 때 너무 빨라서 깜짝 놀랐어요. 버스가 갑자기 멈추면 위험하니까 손잡이를 꼭 잡아야 해요. 그런데 가끔 좋을 때도 있어요. 빠른 버스 덕분에 약속에 늦지 않거든요.

이제 한국에서 버스와 지하철을 잘 이용할 수 있겠지요? 여러분에게 좋은 정보가 되었으면 좋겠어요.

마키

프로필

카테고리

▶가족, 친구

▶한국생활

▶여행

· 교통 카드
· 단말기
· 대다
· 할인
· 주의하다
· 젊다
· 이유
· 깜짝
· 놀라다
· 손잡이
· 멈추다
· 위험하다
· 잡다
· 여러분

가. 읽고 이야기해 봅시다.

1. 이 사람은 왜 이 글을 썼습니까?
2. 한국에서 대중교통을 이용할 때 할인을 받으려면 어떻게 해야 합니까?
3. 한국에서는 대중교통을 이용할 때 무엇을 조심해야 합니까?

나. 윗글을 읽고 맞으면 ○, 틀리면 × 하십시오.

1. 한국에서는 교통 카드를 사용하면 편리합니다. ( )
2. 한국에서는 피곤하면 노약자석에 앉아도 됩니다. ( )
3. 버스에서는 손잡이를 잡는 것이 좋습니다. ( )

다. ________에 주의하면서 듣고 따라 해 봅시다. 18-3

1. 교통 카드를 이용하면 아주 편리해요.
2. 그렇게 하지 않으면 갈아탈 때 할인을 받을 수 없거든요.
3. 빠른 버스 덕분에 약속에 늦지 않거든요.

○ 여러분은 한국에서 어떤 점이 편리합니까? 그리고 어떤 점을 주의해야 합니까? 여러분도 블로그에 한국 생활에 대한 글을 써 봅시다.

시작하는 말	한국에서 살 때 편리한 점과 주의해야 할 점이 있습니다.
편리한 점	1. 2.
주의해야 할 점	1. 2.
끝내는 말	여러분에게 좋은 정보가 되었으면 좋겠습니다.

19과 요금이 얼마인지 알아요?

준비 1

–(으)려면

명동에 가려면 몇 호선을 타야 해요?

4호선을 타세요.

연습 1

다음과 같이 묻고 대답해 봅시다.

가 : 시험에 붙고 싶어요. 어떻게 해야 해요?
나 : 시험에 붙으려면 예습과 복습을 해야 해요.

1. 시험에 붙다 / 예습과 복습을 하다
2. 건강하다 / 날마다 1시간씩 운동하다
3. 살을 빼다 / 자기 전에 먹지 말다
4. 도서관에서 책을 빌리다 / 먼저 학생증을 만들다
5. 감기에 걸리지 않다 / 옷을 따뜻하게 입다
6. 한국 음식을 잘 만들다 / 요리 학원에 다니다
7. 밤에 잠을 잘 자다 / 오후에 커피를 마시지 말다

· 붙다
· 예습
· 씩
· 빼다(살을)

연습 2

다음과 같이 대화를 해 봅시다.

가 : 한국어를 잘 못해서 걱정이에요.
나 : 한국어를 잘하고 싶어요?
가 : 네. 한국어를 잘하려면 어떻게 해야 해요?
나 : 한국어를 잘하려면 한국 친구를 사귀어 보세요.

· 조언
· 발음
· 중간시험

	걱정	바꾸고 싶은 것	조언
1	한국어를 잘 못하다	한국어를 잘하다	한국 친구를 사귀어 보다
2	날마다 늦게 일어나다	일찍 일어나다	저녁에 1시간 일찍 자 보다
3	한국 친구가 없다	한국 친구를 사귀다	동아리에 들어 보다
4	살이 찌다	살을 빼다	저녁을 조금만 먹어 보다
5	한국어 듣기를 잘 못하다	듣기를 잘하다	
6	발음이 나쁘다	발음을 잘하다	
7	중간시험 점수가 나쁘다	시험을 잘 보다	

연습 3

내가 알고 있는 것을 친구에게 확인해 봅시다.

가 : 한국어 쓰기를 잘하려면 어떻게 해야 해요?
나 : 일기를 써 보세요.
가 : 일기를 쓰면 쓰기를 잘할 수 있어요?
나 : 그럼요.
⋮

한국 친구를 사귀고 싶어요.

한국어 쓰기를 잘하고 싶어요.

제주도에 싸게 가고 싶어요.

우리 반 친구랑 친해지고 싶어요.

고향에 갈 때 친구에게 줄 선물을 사고 싶어요.

학교 근처에서 싸고 맛있는 음식을 먹고 싶어요.

싸고 예쁜 옷을 사고 싶어요.

준비 2

-는지/(으)ㄴ지 알다/모르다

이 근처에 우체국이 어디에 있는지 아세요?

아니요, 어디에 있는지 몰라요.

연습 1

다음과 같이 묻고 대답해 봅시다.

가 : 사무실이 어디에 있는지 알아요?
나 : 네, 알아요. 1층에 있어요./아니요, 어디에 있는지 몰라요.

· 문화 체험
· 높다

1. 사무실이 어디에 있다 / 1층
2. 시험이 언제이다 / 다음 주 월요일
3. 문화 체험을 어디로 가다 / 남이섬
4. 한국에서 어느 산이 높다 / 한라산
5. 빵집이 몇 시에 문을 열다 / 오전 8시
6. 언제 가장 덥다 / 8월 초
7. 제프리 씨가 어제 학교에 왜 안 왔다 / 아프다

연습 2

다음과 같이 대화를 해 봅시다.

가 : 학교에서 광화문까지 어떻게 가는지 알아요?
나 : 네, 알아요. 1711번 버스를 타세요.
가 : 시간이 얼마나 걸리는지 알아요?
나 : 30분쯤 걸려요.

· 광화문
· 공항 철도

1. 학교 – 광화문 / 1711번 버스 – 30분
2. 학교 – 인사동 / 171번 버스 – 40분
3. 학교 – 인천 공항 / 공항버스 – 1시간 30분
4. 서울 – 부산 / KTX – 2시간 반
5. 서울 – 제주도 / 비행기 – 1시간
6. 서울 – 전주 / 고속버스 – 3시간
7. 서울역 – 공항 / 공항 철도 – 40분

연습 3

2급 수업 일정표를 보고 친구와 이야기해 봅시다.

· 입학식
· 어린이날
· 스승의 날
· 수료식

3월	16일: 입학식 (10시) 30일: 영화 감상 (10시 – 12시)
4월	3일: 문화 체험 (9시 학교 정문 앞 출발, 민속촌) 16일: 말하기 시험 (9시 – 1시) 17일: 듣기, 읽기, 쓰기 시험 (9시 – 12시)
5월	5일: 어린이날 15일: 스승의 날 21일: 말하기 시험 (9시 – 1시) 22일: 듣기, 읽기, 쓰기 시험 (9시 – 12시) 25일: 수료식 (10시) 26일: 방학

대화

19-1

투이 주말에 친구 결혼식이 있어서 부산에 가야 해요.
부산에 가려면 뭘 타야 해요?

지훈 KTX나 고속버스를 타세요.

투이 KTX로 가면 시간이 얼마나 걸려요?

지훈 2시간 40분쯤 걸려요.

투이 요금이 얼마인지 알아요?

지훈 잘 모르겠어요. 인터넷에서 찾아보면 알 수 있을 거예요.

확인해 봅시다

- 투이 씨는 주말에 무엇을 하려고 합니까?
- 지훈 씨는 투이 씨에게 무엇을 알려주었습니까?

○ 다음 표현을 사용해서 위와 같이 대화를 만들어 봅시다.

· 요금
· 춘천

부산 KTX–고속버스 — 2시간 40분

제주도 비행기–배 — 1시간

춘천 고속버스–기차 — 1시간 10분

수원 좌석 버스–지하철 — 30분

활동

정보 구하기

◯ 우리 반 친구들은 한국에 대해 얼마나 알고 있습니까? 3-4명씩 모여서 묻고 대답해 봅시다.

지하철 요금이 얼마예요?

서울에 무슨 강이 있어요?

제주도에 무슨 산이 있어요?

서울에 있는 산 이름이 뭐예요?

추석에 먹는 음식이 뭐예요?

강원도에 있는 산 이름이 뭐예요?

누가 한글을 만들었어요?

한글날은 언제예요?

우리 학교는 무슨 동에 있어요?

설날에 무슨 음식을 먹어요?

우리 학교 근처에 있는 산 이름이 뭐예요?

한국에서는 생일에 무슨 음식을 먹어요?

한국에서는 시험 보는 날 미역국을 왜 안 먹어요?

공항에서 학교까지 싸게 오려면 어떻게 해야 해요?

학생 식당에서 식권을 어떻게 살 수 있어요?

◯ 가장 많이 알고 있는 사람은 누구입니까?

	이름:	이름:	이름:
몇 개 알아요?			

읽고 쓰기

생각해 봅시다

여러분은 알고 싶은 것이 있을 때 어떻게 합니까?

읽어 봅시다 19-2

목록 | 출력 | 스크랩

자유게시판

제목	한국에서 재미있게 여행하려면	글쓴이	한국 사랑
날짜	2016. ××. ××	조회수	45

저는 다음 학기에 교환 학생으로 한국에 갈 거예요. 저는 한국에 한 학기만 있을 거예요. 그래서 공부하는 동안 유명한 곳을 많이 구경하고 여행을 많이 다니고 싶어요. 한국에서 싸고 재미있게 여행을 하려면 어떻게 해야 하는지 아세요? 좀 알려 주세요.

댓글1 | 등록순▼ | 조회수 50 | 좋아요▼ |

○○○○○ 2016.06

어디에 가고 싶으세요? 서울? 부산? 전주? 경주? 제주도?

얼마 동안 여행을 가고 싶으세요? 하루 여행? 1박 2일? 2박 3일? 일주일?

먼저 서울 시내를 구경하려면 지하철을 이용하세요. 동대문시장, 명동, 인사동 등 유명한 곳에 쉽게 갈 수 있어요. 지하철을 이용하면 싸고 편리해요. 그리고 하루에 여러 곳을 구경하려면 서울시티투어버스를 이용하세요. 1일 이용권을 사면 하루 종일 편하게 여러 곳을 구경할 수 있어요. 버스를 타고 가다가 구경하고 싶은 곳에서 내리세요. 그리고 구경을 다 한 후에 다음 버스를 타세요.

1박 2일이나 2박 3일로 다른 도시에 가려면 기차나 고속버스를 이용하세요. 고속버스는 요금이 싸고 빠르게 갈 수 있어요. 고속도로에는 버스만 다닐 수 있는 길이 있거든요. 또 고속도로 휴게소에서 그 도시의 유명한 음식을 먹는 것도 재미있어요. 그런데 시간이 없으면 KTX를 타고 가세요. KTX가 고속버스보다 빠르니까요. 서울에서 부산까지 KTX를 타면 2시간 50분 정도 걸려요. 그러니까 아침 일찍 부산에 가서 구경하고 저녁에 돌아올 수 있어요.

이렇게 하면 한국에서 싸고 재미있는 여행을 할 수 있을 거예요.

- 학기
- 1박 2일
- 2박 3일
- 곳
- 서울시티투어버스
- 이용권
- 종일
- 휴게소
- 정도

가. 읽고 이야기해 봅시다.

1. 첫 번째 글을 쓴 사람은 무엇을 알고 싶어 합니까?
2. 서울에서 지하철을 이용하면 좋은 점이 무엇입니까?
3. 고속버스를 타면 좋은 점이 무엇입니까?

나. 윗글을 읽고 맞으면 ○, 틀리면 × 하십시오.

1. 첫 번째 글을 쓴 사람은 한국에 와서 일할 계획입니다. ( )
2. 서울시티투어버스를 이용하면 하루에 여러 곳을 구경할 수 있습니다. ( )
3. 부산에 갈 때 고속버스를 타면 KTX보다 빠르고 쌉니다. ( )

다. ________에 주의하면서 듣고 따라 해 봅시다. 19-3

1. 한국에서 싸고 재미있게 여행을 하려면 어떻게 해야 하는지 아세요?
2. 그 도시의 유명한 음식을 먹는 것도 재미있어요.
3. 한국에서 싸고 재미있는 여행을 할 수 있을 거예요.

라. 읽은 내용을 대화로 만들어 봅시다.

가 : 한국에서 공부하는 동안 여행을 많이 하고 싶어요.
나 : 그래요?
가 : 한국에서 싸고 재미있게 여행하려면 어떻게 해야 해요?
나 : ________________
가 : ________________
나 : ________________
가 : ________________
나 : ________________
가 : ________________
나 : ________________
가 : ________________

여러분은 알고 싶은 것이 있습니까? 알고 싶은 것을 써 봅시다.

20과 버스가 고장 나서 탔다가 내렸어요

준비 1

(이)나

아이스크림을 세 개나 먹어요?

네, 너무 더워서요.

연습 1

다음과 같이 묻고 대답해 봅시다.

가 : 그 책을 읽었어요?
나 : 네, 재미있어서 3번이나 읽었어요.

· 주인공
· 교통

1. 그 책을 읽다 / 재미있다 – 3번
2. 커피 마시다 / 잠이 오다 – 5잔
3. 많이 자다 / 너무 피곤하다 – 10시간
4. 그 영화 보다 / 주인공을 좋아하다 – 5번
5. 김밥 먹다 / 배가 고프다 – 3줄
6. 이 집에서 오래 살다 / 교통이 편리하다 – 10년
7. 집에 고양이가 있다 / 고양이를 좋아하다 – 5마리

연습 2

다음과 같이 대화를 해 봅시다.

가 : ________ 씨는 하루에 커피를 얼마나 마셔요?
나 : 저는 1잔 마셔요. ________ 씨는요?
가 : 저는 5잔 마셔요.
나 : 5잔이나요? 많이 마시네요.

1. 하루에 커피를 마시다 / 1잔 / 5잔
2. 하루에 단어를 외우다 / 3개 / 50개
3. 한 달에 책을 읽다 / 1권 / 3권
4. 하루에 공부를 하다 / 2시간 / 6시간
5. 하루에 운동을 하다 / 20분 / 3시간
6. 한 달에 돈을 쓰다 / 30만 원 / 70만 원

연습 3

우리 반 친구들에게 궁금한 것을 물어보고 다음과 같이 이야기해 봅시다.

질문	이름:	이름:	이름:
하루에 몇 시간 자요?			
하루에 몇 시간 공부해요?			
하루에 인터넷을 얼마나 해요?			
한 달에 용돈을 얼마나 써요?			
한국 친구가 몇 명 있어요?			
여자/남자 친구를 몇 명 사귀어 봤어요?			
한국에서 여행을 몇 번 가 봤어요?			

가 : 우리 반에서 누가 제일 많이 자요?
나 : ________ 씨가 가장 많이 자요.
가 : 몇 시간 자요?
나 : 12시간이나 자요.
⋮

준비 2

-았다가/었다가

알렉세이 씨, 더워요?

네, 더워서 옷을 입었다가 벗었어요.

연습 1

다음과 같이 묻고 대답해 봅시다.

가 : 왜 버스를 탔다가 내렸어요?

나 : 버스를 잘못 타서 탔다가 내렸어요.

· 잘못
· 청바지
· 불
· 취소하다

1. 버스를 타다 – 내리다 / 잘못 타다
2. 문을 열다 – 닫다 / 바람이 많이 불다
3. 청바지를 사다 – 바꾸다 / 마음에 안 들다
4. 글씨를 쓰다 – 지우다 / 잘못 쓰다
5. 불을 켜다 – 끄다 / 밝다
6. 약속을 하다 – 취소하다 / 급한 일이 생기다
7. 화장을 하다 – 지우다 / 안 예쁘다

연습 2

다음과 같이 대화를 해 봅시다.

가 : 왜 늦었어요?
나 : 미안해요. 집에 갔다가 왔어요.
가 : 왜요?
나 : 통장을 안 가지고 와서 갔다가 왔어요.

· 통장
· 찢어지다

1. 집에 가다 – 오다 / 통장을 안 가지고 오다
2. 5층까지 올라가다 – 내려오다 / 교실에 우산을 놓고 오다
3. 버스를 타다 – 내리다 / 잘못 타다
4. 식당에 가다 – 오다 / 휴대 전화를 놓고 오다
5. 옷을 입다 – 다른 옷으로 갈아입다 / 옷이 찢어지다
6. 선생님 사무실에 가다 – 오다 / 숙제를 모르다

연습 3

다음과 같은 경험이 있습니까? 친구와 대화를 만들어 봅시다.

비행기표를 예약했다가 취소했어요.

수업 시간에 밖에 나갔다가 들어왔어요.

옷을 샀다가 바꿨어요.

지하철을 탔다가 내렸어요.

지하철에서 자리에 앉았다가 일어났어요.

대화

20-1

왕쯔이 여보세요, 제프리 씨.

제프리 네, 왕쯔이 씨. 왜 안 와요? 30분이나 기다렸어요.

왕쯔이 미안해요. 버스가 고장 나서 탔다가 내렸어요.
그래서 지금 길에서 버스를 기다리고 있어요.

제프리 아, 그래요? 그럼 언제쯤 도착할 수 있어요?

왕쯔이 아마 20분 정도 더 늦을 거예요. 미안해요.

제프리 네, 알겠어요. 그럼 기다릴게요.

확인해 봅시다

✔ 왕쯔이 씨는 왜 전화를 했습니까?

✔ 왕쯔이 씨는 왜 늦게 옵니까?

○ 다음 표현을 사용해서 위와 같이 대화를 만들어 봅시다.

· 승강장
· 기사(택시~)

버스가 고장 나다	길	버스
지하철을 잘못 타다	승강장	지하철
사고가 나다	길	버스
택시 기사가 제 말을 이해하지 못하다	택시 정류장	택시

활동

이유 설명하기

◯ 여러분은 약속 시간에 늦었을 때 어떻게 말합니까? 그림을 보고 늦은 이유를 설명해 봅시다.

______________ 에 갔다가 왔어요

______________ 을/를 탔다가 내렸어요

가 : 여보세요, ______________ 씨.

나 : 왜 안 와요? 무슨 일 있어요?

가 : 미안해요. ______________________________.

⋮

읽고 말하기

○ 생각해 봅시다

여러분은 지하철이나 버스에서 다른 사람이 전화하는 것을 들어 봤습니까? 무슨 이야기를 합니까?

○ 읽어 봅시다 20-2

저는 오늘 아침에 길음역에서 지하철을 탔습니다. 키가 크고 멋있는 남자가 제 옆자리에 앉았습니다. 이 남자는 전화를 하기 시작했습니다. 이 남자는 어떤 여자에게 1시간 정도 늦을 거라고 말했습니다. 지하철을 잘못 타서 서울역에서 내렸다가 다시 탔다고 했습니다. 그런데 조금 이상했습니다. 이 남자는 길음역에서 저와 같이 탔고, 우리는 아직 서울역을 지나가지 않았습니다. 저는 '이 남자가 왜 거짓말을 할까? 누구에게 전화를 하고 있을까?' 하고 생각했습니다.

이 남자는 전화를 끊고 다시 다른 여자에게 전화를 걸었습니다. 30분이나 전화를 했습니다. 이번에는 지하철이 고장이 나서 탔다가 내렸다고 했습니다. 그래서 지금 지하철을 기다리고 있다고 했습니다. 이 남자는 지금 만날 수 없으니까 저녁에 만나자고 했습니다. 그리고 보고 싶다고 했습니다. 우리는 지금 지하철 안에 있고 우리가 탄 지하철은 고장 나지 않았습니다. 이 남자는 누구하고 전화를 하는 걸까요? 왜 이 남자는 자꾸 거짓말을 할까요? 저는 이해할 수 없었습니다.

이 남자는 전화를 끊고 또 전화를 걸기 시작했습니다. 그런데 저는 다음 역에서 내려야 했습니다. 그래서 이 사람의 이야기를 더 들을 수 없었습니다.

- 옆자리
- 지나가다
- 거짓말
- 끊다(전화를)
- 걸다(전화를)
- 자꾸
- 통화하다

가. 읽고 이야기해 봅시다.

1. 옆에 앉은 남자는 몇 사람에게 전화를 걸었습니까?
2. 남자가 전화로 한 말은 맞습니까? 맞지 않습니까?
3. 이 사람은 마지막에 남자가 전화하는 것을 왜 듣지 못했습니까?

나. 윗글을 읽고 맞으면 ○, 틀리면 × 하십시오.

1. 이 사람은 지하철이 고장 나서 내렸다가 다시 탔습니다. (　)
2. 이 사람은 옆에 앉은 남자와 이야기를 많이 했습니다. (　)
3. 옆에 앉은 남자는 통화하는 사람에게 거짓말을 했습니다. (　)

다. ＿＿＿＿＿에 주의하면서 듣고 따라 해 봅시다. 20-3

1. 키가 크고 멋있는 남자가 제 옆자리에 앉았습니다.
2. 지하철을 잘못 타서 서울역에서 내렸다가 다시 탔다고 했습니다.
3. 이 남자는 전화를 끊고 또 전화를 걸기 시작했습니다.

라. 읽은 내용을 대화로 만들어 봅시다.

가 : 여보세요.
나 : 지금 어디예요?
가 : 지금 지하철이에요. 미안해요. 1시간쯤 늦을 거예요.
나 : 왜요?
가 : ＿＿＿＿＿＿＿＿＿＿＿＿＿＿＿＿
나 : ＿＿＿＿＿＿＿＿＿＿＿＿＿＿＿＿
가 : ＿＿＿＿＿＿＿＿＿＿＿＿＿＿＿＿
나 : ＿＿＿＿＿＿＿＿＿＿＿＿＿＿＿＿

가 : 여보세요.

나 : 지금 어디예요?

가 : 지금 지하철이에요. 미안해요. 1시간쯤 늦을 거예요.

나 : 왜요?

가 : ____________________

나 : ____________________

가 : ____________________

나 : ____________________

○ 지하철이나 버스에서 재미있는 일이 있었습니까? 친구와 이야기해 봅시다.

문화 Culture

한국의 편리한 대중교통
Convenient transportation in Korea

How do you like using the subway or bus in Korea? Are there many difficulties when using them? Or are there many advantages? In Seoul and in Seoul Capital Area, you can get a discount when using public transportation, so you can travel cheaply. You can transfer from bus to bus or subway, or from a subway line to another line or to a bus many times with a discounted price. To get a discount, you should know a few things. First, you have to use a transportation card to get a discount. You cannot get a discount if you use cash. Secondly, you have to keep the transfer time. Thus, you can get a discount if you transfer within 30 minutes. However, you can transfer within one hour from 9:00 pm to 7:00 am to get a discount. Thirdly, you have to touch your card to the card reader when you get off as well as when you get on the bus. Lastly, if you travel with a person who doesn't have a transportation card, you have to tell the bus driver the number of travelers to get the discount. Bus drivers don't ask you the number of travelers, so you should tell them first. You can use public transportation cheaply in this way.

해 봅시다.
Let's try.

1. 대중교통을 이용하면서 환승 할인을 받아 봅시다.

   Let's get discounts while using public transportation.

2. 친구와 버스를 타면서 친구의 버스 요금을 나의 교통 카드로 내 봅시다.

   Try to pay your friend's bus fee with your transportation card while traveling with him/her.

부록

- 듣기 대본
- 듣기/읽기 해답
- 번역
- 문법 설명
- 어휘 목록

듣기 대본

3과

지훈 마키 씨, 주말 잘 보냈어요?
마키 네. 지훈 씨도 주말 잘 보냈어요?
지훈 네, 저는 주말에 한강에 갔어요. 거기에서 배도 타고 자전거도 탔어요. 마키 씨는 주말에 뭐 했어요?
마키 카오루 씨가 친구를 소개해 줘서 만나 봤어요.
지훈 소개팅을 했어요? 어땠어요?
마키 별로 마음에 안 들었어요.
지훈 왜요?
마키 저랑 좋아하는 게 너무 달랐어요.
지훈 뭐가 달랐어요?
마키 저는 운동을 좋아해요. 그런데 그 사람은 운동을 싫어해요.
지훈 마키 씨는 운동을 좋아하는 사람을 만나고 싶어요?
마키 네, 운동을 좋아해서 저랑 같이 운동을 했으면 좋겠어요.
지훈 그럼 성격은 어땠으면 좋겠어요?
마키 말이 많지 않고 재미있는 사람이 좋아요.
지훈 음, 운동을 좋아하고 말이 많지 않고 재미있는 사람요? 마이클 씨는 어때요?
마키 마이클 씨요? 마이클 씨 지금 여자 친구가 없어요?
지훈 없어요. 제가 마이클 씨에게 얘기해 볼까요?

7과

왕쯔이 장핑 씨, 오늘 약속 있어요?
장핑 아니요, 없는데요. 왜요?
왕쯔이 오늘 저녁에 중국 음식을 만들려고 해요. 같이 먹을까요?
장핑 와, 좋아요. 몇 시에 갈까요?
왕쯔이 6시까지 오세요.
장핑 알겠어요. 제가 일찍 가서 도와줄까요?
왕쯔이 괜찮아요. 혼자 할 수 있어요. 이따가 봐요.

(잠시 후)

장핑 여보세요. 왕쯔이 씨, 저 장핑인데요.
왕쯔이 장핑 씨, 무슨 일 있어요? 목소리가 안 좋아요.
장핑 갑자기 배가 아파서 오늘 못 가겠어요.
왕쯔이 많이 아파요? 뭘 먹었어요?
장핑 아까 축구하기 전에 김밥을 먹었어요. 그다음부터 계속 배가 아파요.
왕쯔이 그래요? 많이 아프면 집에 있지 말고 병원에 가세요.
장핑 그럴게요. 못 가서 미안해요.
왕쯔이 아니에요. 잘 쉬세요. 다음에 만나요.

10과

지훈 누나 여보세요. 지훈아?
지훈 응. 누나. 왜?
지훈 누나 나 오늘 집에 못 들어가.
지훈 왜? 무슨 일 있어?
지훈 누나 출장을 가야 해. 그래서 며칠 동안 부산에 있을 거야.
지훈 그래?
지훈 누나 응. 지훈아. 빨래 좀 해. 오늘 안 하면 입을 옷이 없을 거야.
지훈 알았어.
지훈 누나 그리고 내일은 쓰레기 버리는 날이니까 잊지 마.
지훈 음. 알겠어.
지훈 누나 그리고 강아지한테 밥 좀 줘. 배가 고플 거야.
지훈 해피한테 밥 안 주고 갔어?
지훈 누나 응, 물은 줬는데 밥은 안 줬어.
지훈 빨래도 해야 하고 쓰레기도 버려야 하고 강아지 밥도 줘야 하고 할 일이 많네. 그런데 누나는 언제 올 거야?

15과

기자 오늘은 한국 전통 음식을 만드시는 김영숙 선생님과 인터뷰를 해 보겠습니다. 안녕하십니까? 선생님.
요리연구가 안녕하십니까?
기자 선생님께서는 40년 동안 요리를 하셨습니다. 처음에 어떻게 요리를 시작하셨습니까?
요리연구가 제가 어렸을 때 집에 손님이 많이 오셨습니다. 그래서 할머니와 어머니께서 항상 음식을 준비하셨어요.
기자 그래서 요리에 관심이 생기셨어요?
요리연구가 네, 두 분이 요리하시는 것을 자주 봤기 때문에 관심이 생겼습니다. 그래서 요리를 가르쳐 달라고 했어요.
기자 그래서 요리를 시작하셨군요. 요즘 외국에서 한국 음식이 인기가 있다고 합니다. 선생님, 외국 사람들이 왜 한국 음식을 좋아할까요?
요리연구가 요즘 한국 드라마나 영화가 외국에서 인기가 많습니다. 그래서 한국 문화와 음식에도 관심이 많아졌어요. 또 한국 음식은 채소로 만든 음식이 많기 때문에 건강에도 좋습니다.
기자 아, 그렇군요. 마지막 질문입니다. 앞으로 어떤 계획이 있으십니까?
요리연구가 외국 사람들에게 한국 요리를 가르치려고 합니다. 한국 요리를 가르치면서 한국 문화도 함께 소개하고 싶습니다.
기자 네, 오늘 말씀 감사합니다. 지금까지 한국 전통 요리를 하시는 김영숙 선생님의 이야기를 들었습니다

17과

지훈 여보세요.
여직원 네, 국민쇼핑몰입니다. 무엇을 도와 드릴까요?
지훈 지난주에 소파를 주문했습니다. 그런데 아직도 안 왔어요. 그래서 기다리다가 전화를 했습니다.
여직원 죄송합니다. 성함이 어떻게 되십니까?
지훈 김지훈입니다.
여직원 김지훈 님 맞습니까?
지훈 네.
여직원 잠시만요. (잠시 후) 김지훈 님, 6월 15일에 하얀색 소파를 주문하셨지요?
지훈 네, 맞아요. 주문할 때 3일쯤 걸린다고 했어요. 그런데 주문한 지 벌써 일주일이 지났어요.
여직원 죄송합니다. 주문이 많아서 배달이 늦어졌습니다.
지훈 그럼 언제 받을 수 있어요?
여직원 이번 주까지는 도착할 겁니다.
지훈 이번 주말에는 꼭 받을 수 있지요?

여직원　네, 조금만 더 기다려 주십시오.
지훈　네, 알겠습니다.

(시간 경과 후)

택배기사　택배입니다. 오늘 5시쯤에 배달하려고 하는데요. 그때 집에 계십니까?
지훈　네, 있어요.
택배기사　그런데 집이 행복은행 근처 맞지요?
지훈　네, 맞아요.
택배기사　거기에서 어떻게 가야 됩니까?
지훈　은행 앞에서 똑바로 오다가 두 번째 골목에서 왼쪽으로 들어오세요.
택배기사　네, 알겠습니다.

듣기/읽기 해답

1과 읽고 말하기

가. 1. 1년이 되었습니다.
2. 친절하고 재미있어서 좋아합니다.
3. 한국과 러시아에서 연기를 하고 싶어 합니다.

나. 1. ○ 2. × 3. ×

2과 읽고 쓰기

가. 1. 자야한테서 받았습니다.
2. 친구하고 홉스굴로 여행을 갔습니다.
3. 한국에 올 겁니다.

나. 1. ○ 2. × 3. ×

3과 듣고 말하기

가. 1. 한강에 갔습니다.
2. 소개팅을 했습니다.
3. 운동을 좋아하고 말이 많지 않고 재미있는 사람을 만나고 싶어 합니다.

나. 1. × 2. × 3. ○

4과 읽고 쓰기

가. 1. 기타 소리가 아름답고 기타를 치는 사람도 멋있어서 갔습니다.
2. 민호 선배한테서 배웠습니다.
3. 기타를 치러 동아리 방에 갈 겁니다.

나. 1. ○ 2. × 3. ○

5과 읽고 말하기

가. 1. 돈을 찾으러 갔습니다.
2. 우산을 샀습니다.
3. 생일 축하 카드를 쓰려고 합니다.

나. 1. ○ 2. ○ 3. ×

다. ③, ①, ②, ④

6과 읽고 쓰기

가. 1. 사무실에 베트남어를 할 수 있는 사람이 없어서 불편합니다.
2. 사무실에 베트남어를 할 수 있는 사람이 있었으면 좋겠습니다.
3. 학생 식당에서 자주 식사를 합니다.
4. 고기가 없는 음식과 영어 설명을 부탁했습니다.

나. 1. ○ 2. × 3. ×

7과 듣고 말하기

가. 1. 저녁 식사에 초대하려고 전화했습니다.
2. 약속을 취소하려고 전화했습니다.
3. 배가 아픕니다.

나. 1. ○ 2. × 3. ×

8과 읽고 말하기

가. 1. 담배를 피우거나 술을 마시면 안 됩니다. 그리고 요리를 하면 안 됩니다.
2. 기숙사 A동과 B동 지하 1층에 있습니다.
3. 오전 8시부터 오후 11시까지 이용할 수 있습니다.
4. 운동복과 운동화를 준비해야 합니다.

나. 1. ○ 2. ○ 3. ×

9과 읽고 말하기

가. 1. 기숙사 방이 너무 작고 화장실을 같이 쓰기 때문에 불편해서
2. 방이 넓고 화장실이 깨끗했지만 창문이 작아서 어두웠습니다.
3. 학교에서 멀지만 넓고 조용한 집입니다.

나. 1. × 2. ○ 3. ×

10과 듣고 쓰기

가. 1. 부산에 출장을 가야 해서
2. 빨래를 해야 하고 강아지한테 밥도 줘야 합니다.

나. 1. × 2. ○ 3. ×

11과 읽고 말하기

가. 1. 옷 가게 주인
2. 아르바이트에 관심이 있어서
3. 중국어와 영어

나. 1. ○ 2. ○ 3. ×

12과 읽고 말하기

가. 1. 친구를 사귀려고 갔습니다.
2. 요리와 도자기 수업
3. 한국 생활이 즐거워졌습니다.

나. 1. ○ 2. × 3. ×

13과 읽고 쓰기

가. 요리법을 설명하는 글

나. 1. ○ 2. × 3. ×

다. 3, 4, 2, 5, 6,

14과 읽고 말하기

가. 1. 태국 식당
2. 주인 부부
3. 식당 주인 부부가 '뜨랑'에서 처음 만났기 때문에

나. 1. ○ 2. × 3. ×

15과 듣고 말하기

가. 1. 요리사
2. 40년 동안 요리를 했습니다.
3. 할머니와 어머니

나. 1. × 2. ○ 3. ×

16과 읽고 말하기

가. 1. 한국의 식사 예절
2. 식사할 때 밥그릇을 들고 먹으면 안 됩니다. 그리고 어른이 식사하기 전에 먼저 먹으면 안 됩니다. 그리고 어른이 식사를 끝낼 때까지 기다려야 합니다.
3. 혼자 살면 심심할 테니까 자주 놀러 오라고 했습니다.

나. 1. ○ 2. × 3. ○

17과 듣고 말하기

가. 1. 주문한 소파가 아직 안 와서
2. 이번 주
3. 오늘 5시쯤

나. 1. × 2. × 3. ○

18과 읽고 쓰기

가. 1. 한국의 지하철과 버스를 이용하는 방법을 알려 주려고
2. 버스를 탈 때와 내릴 때 교통 카드를 대야 합니다.
3. 노약자석에 앉지 말아야 합니다.

나. 1. ○ 2. × 3. ○

19과 읽고 쓰기

가. 1. 한국에서 싸고 재미있게 여행하는 방법을 알고 싶어 합니다.
2. 유명한 곳에 쉽게 갈 수 있고, 싸고 편리합니다.
3. 요금이 싸고 빠르게 갈 수 있습니다. 또 휴게소에서 그 도시의 유명한 음식도 먹을 수 있습니다.

나. 1. × 2. ○ 3. ×

20과 읽고 말하기

가. 1. 3명에게 전화를 걸었습니다
2. 맞지 않습니다.
3. 다음 역에서 내렸기 때문에 못 들었습니다.

나. 1. × 2. × 3. ○

영문 대화 번역

Lesson 1

Thuan Hello? I am Thuan. Nice to meet you!
Maki Hello? I am Maki.
Thuan, how long have you learned Korean?
Thuan It has been three years. How about you, Maki?
Maki It has been three months. Why are you learning Korean, Thuan?
Thuan I am learning Korean because I like Korean dramas and K-pop.

Lesson 2

Abdullah Irina, long time no see!
Irina Yes, I am so glad to see you. How have you been?
Abdullah I visited my hometown during the break. What did you do, Irina?
Irina I went on a bike trip with my friend.
Abdullah You did? How was your trip?
Irina It was hard but fun. You should give it a try.

Lesson 3

Irina Kaoru, what did you do during the weekend?
Kaoru I rode my bicycle because the weather was so nice.
Irina Did you ride by yourself?
Kaoru No, I rode with my girlfriend.
Irina I'm very jealous of you. I wish I had a boyfriend, too.
Kaoru Do you want me to introduce someone to you?

Lesson 4

Man Welcome!
Maki I want to learn how to dance. Is it difficult to learn?
Man Not at all. It is not difficult because we will teach you at a slow pace. Anyone can learn.
Maki How long will it take to learn to dance well?
Man You can dance well if you practice for a month.

Lesson 5

Staff How can I help you?
Jeffrey I would like to send a package to America.
Staff Then, write your address and name here, and come back again.
Jeffrey Okay. I got it.
Staff Put your box on the scale. Do you have anything fragile?
Jeffrey No I don't have anything fragile.
How long does it take to get to America?
Staff Usually, it takes about a week.

Lesson 6

Staff How can I help you?
Abdullah I lost my student ID, so I would like to make a new one.
Staff Then fill in this form. Did you bring your picture?
Abdullah No. Can I not make one if I don't have my picture?
Staff No, you cannot. Bring your picture when you come to school tomorrow.
Abdullah Okay. I will come back tomorrow.

Lesson 7

Yunah Hey Jeffrey, are you going to do anything this weekend?
Jeffrey I don't have any special plans. Why?
Yunah Then, please come to my house. I am going to watch a soccer game with my friends.
Jeffrey Sounds good. What time should I be there by?
Yunah Don't eat dinner and come by 6 o'clock before you eat dinner.
Jeffrey Okay. I will call you before I leave.

Lesson 8

Abdullah Wangziyi, how is your dormitory life?
Wangziyi Not bad. But it is inconvenient because I cannot cook.
Abdullah Can't you cook in the dormitory?
Wangziyi No, I can't. So I eat at the student cafeteria.
Abdullah Can I come by your dorm?
Wangziyi Haha, boys are not allowed.

Lesson 9

Gantuya Jeffrey, are you busy these days?
Jeffrey Yes. I am looking for a house to move to.
Gantuya Are you going to move again?
Jeffrey It is a little inconvenient because the subway station is far away. I wish there was a house where the transportation is convenient, and inexpensive.
Gantuya Have you been to the real estate agency near here?
Jeffrey Yes. But it is hard to find a good house.

Lesson 10

Zhangping Irina, are you done with the party preparations?
Irina No, not yet. I finished cleaning, but I have not finished cooking yet.
Zhangping What kind of dishes are you planning to make?
Irina I will make *japchae* and *bulgogi*.
Zhangping It will be difficult if you do it alone. I will come help you.
Irina Really? Thank you!

Lesson 11

Zhangping Gantuya, what are you doing right now?
Gantuya I am drinking coffee and talking with a friend.
Zhangping I called you because I found a nice part-time job for you. Can you speak English?
Gantuya Yes, I can. I lived in the U.S. for three years.
Zhangping The school office is looking for a person who can speak English well. Why don't you go and check.
Gantuya Really? Thank you.

Lesson 12

Alexei Maki, what are you doing?
Maki I am looking for a sports center so I can exercise.
Alexei What kind of exercise are you planning to do?
Maki I am not sure. I am thinking of either yoga or swimming.
Alexei Why don't you try swimming? I am also learning swimming these days.
Maki Really? Then should we learn together?

Lesson 13

Cooking instructor Let's make *bulgogi* today. First, put the prepared seasoning in the meat.
Thui Okay. (After a while) what should I do next?
Cooking instructor Please cut the onion and carrot into small pieces.
Thui Okay. (Sound of cutting vegetables) I am done cutting the vegetables. What should I do next?
Cooking instructor Then, stir-fry the meat in the frying-pan. And then put in the vegetables and stir-fry it together.

Lesson 14

Jeffrey I heard that Seoul Restaurant is famous.
Maki Is that so? Have you been there?
Jeffrey No. I have not been there yet. But I heard that their *bulgogi* is delicious.
Maki Do you think that my friend would like it?
Jeffrey Since many foreigners go there, your friend will probably like it.

Lesson 15

Gantuya Alexei, what did you do yesterday on your birthday?
Alexei I went to a Korean friend's house. My friend's mother asked me to come.
Gantuya What kind of food did you eat?
Alexei I had seaweed soup. I heard that Koreans usually eat seaweed soup on their birthday.
Gantuya Is that so? Was it delicious?
Alexei Yes. Because it was so delicious, I ate two bowls.

Lesson 16

Thui Do you have time this coming Saturday?
Zhangping I don't have anything special. Why?
Thui Yunah invited us to the *Daehangno* (University Street) to eat *dakgalbi*.
Zhangping Sounds good. What time did she say to meet up?
Thui At 6:30 p.m. By the way, since there might be traffic on Saturday evening, head out early.
Zhangping Alright. See you on Saturday.

Lesson 17

Delivery staff Hello. Didn't you order a desk from Hana Shopping Mall? I am going to deliver it around one o'clock today.
Irina I am not going to be home at one o'clock. Could you come at three o'clock by any chance?
Delivery staff Okay. Then I will go at that time.

- After a while -

Delivery staff Hello. This is the desk delivery. I am near your house. But it is difficult to find yours because there are so many alleys.
Irina Where are you right now?
Delivery staff I am in front of Kookmin Mart.
Irina Please go straight ahead and then make a right turn at the first alley.

Lesson 18

Maki	Hey Abdullah, where are you going?
Abdullah	I am going to Itaewon. I have an appointment there.
Maki	Then, take route 143 bus.
Abdullah	Is it better to take a bus? I usually take the subway.
Maki	If you ride the bus, it is convenient because no transfer needed.
Abdullah	Thanks to you, Maki, I got some good information. I appreciate it.

Lesson 19

Thui	I have to go to Busan because of my friend's wedding during the weekend. What should I take to go to Busan?
Jihun	Take either the KTX or express bus.
Thui	How long does it take by KTX?
Jihun	It will take about 2 hours and 40 minutes.
Thui	Then, do you know the cost of the fare?
Jihun	I'm not sure. You will find out if you search the Internet.

Lesson 20

-Telephone ringing-

Wangziyi	Hello, Jeffrey.
Jeffrey	Hello. Wangziyi. Why are you not coming? I have been waiting for 30 minutes already.
Wangziyi	I am sorry. The bus broke down so I had to get off. I am waiting for a bus on the road.
Jeffrey	Is that so? Then about what time will you arrive?
Wangziyi	I will probably be late 20 more minutes. I am so sorry.
Jeffrey	Okay. Then I will wait for you.

중문 대화 번역

1課

图安 你好! 我叫图安, 认识你很高兴。
马奇 你好! 我叫马奇. 图安, 你学韩语学了多长时间了?
图安 三年了。你呢?
马奇 我学了三个月了. 图安, 你为什么学习韩语?
图安 我喜欢看韩剧, 听韩国歌, 所以我学习韩语。

2課

亚图拉 伊梨娜, 好久不见!
伊梨娜 是啊, 见到你, 真的很高兴。你过得好吗?
亚图拉 我放假的时候回了一趟老家。你做什么了?
伊梨娜 我跟朋友骑自行车去旅行了。
亚图拉 是吗? 怎么样?
伊梨娜 虽然很累, 但是很有意思。你也去吧。

3課

伊梨娜 卡敖路, 你周末做什么了?
卡敖路 周末天气很好, 我骑自行车了。
伊梨娜 你一个人骑的吗?
卡敖路 没有, 我跟女朋友一起。
伊梨娜 好羡慕你。我要是有个男朋友就好了。
卡敖路 我给你介绍一个, 怎么样?
伊梨娜 真的? 谢谢!

4課

男人 请进!
马奇 我想学跳舞。难不难?
男人 不难, 我们慢慢儿教你, 不难。谁都能学会。
马奇 学多长时间能跳得好呢?
男人 要是练习一个月的话, 就能跳得好。

5課

邮局职员 有什么需要我帮忙吗?
杰弗利 我要往美国邮寄包裹。
邮局职员 那请你先把地址和姓名写在这儿, 然后再来。
杰弗利 好, 知道了。
邮局职员 请你把箱子放到称上。箱子里有没有易碎品?
杰弗利 没有啊, 几天能到美国?
邮局职员 一般需要一个星期左右。

6課

工作人员 你有什么事儿?
亚图拉 我弄丢了学生证, 想要重新办一个。
工作人员 那先填写这张申请表。带照片了吗?
亚图拉 没带。没有照片就办不了学生证吗?
工作人员 对, 办不了。你明天来学校的时候把照片带来。
亚图拉 好的, 我明天再来吧。

7課

润雅 杰弗利, 周末你打算做什么?
杰弗利 没什么特别的。怎么了?
润雅 那你来我家吧。我要跟朋友们一起看足球比赛。
杰弗利 好啊, 几点钟到你家好呢?
润雅 你别吃晚饭了, 六点之前来吧。
杰弗利 好的, 出发之前我先给你打个电话吧。

8課

亚图拉 紫怡, 宿舍生活怎么样?
王紫怡 挺好的。不过, 因为不能做菜吃, 所以很不方便。
亚图拉 在宿舍做菜吃, 不行吗?
王紫怡 不行, 不能在宿舍做菜吃。所以我在学生食堂吃饭。
亚图拉 我可以去你们宿舍玩儿吗?
王紫怡 哈哈, 男生不能来。

9課

甘涛涯 杰弗利, 你最近忙吗?
杰弗利 很忙, 我最近在找房子。
甘涛涯 你还要搬家吗?
杰弗利 我住的地方离地铁站很远, 有点不方便。我希望能找个交通方便, 又便宜的房子。
甘涛涯 你去过这儿附近的房产中介所吗?
杰弗利 去过, 但是好房子不好找啊。

10課

张萍 伊梨娜, 派对都准备好了吗?
伊梨娜 没有, 打扫完了, 但是还没做菜呢。
张萍 你要做什么菜?
伊梨娜 我要做烤肉和炒粉条。
张萍 你自己做会很累的。我去帮你吧。
伊梨娜 真的? 谢谢!

11課

张萍 甘涛涯, 你在做什么?
甘涛涯 我一边喝咖啡, 一边跟朋友聊天。
张萍 我给你打电话是因为有一个很好的计时工作。甘涛涯, 你会说英语吗?
甘涛涯 会。我在美国住过三年。
张萍 学校办公室正在找会说英语的人。你去看看吧。
甘涛涯 是吗? 谢谢!

12課

亚力赛　马奇，你在做什么呢？
马奇　我要运动，正在找健身房。
亚力赛　你想做什么运动？
马奇　还没想好，我在考虑练瑜伽或者游泳。
亚力赛　游泳怎么样？我最近也在学游泳。
马奇　是吗？那咱们一起学怎么样？

13課

烹饪老师　今天我们做烤肉试试吧。先把准备好的调料放在肉上。
图依　好的。(过了一会儿) 然后要做什么？
烹饪老师　把洋葱和胡萝卜切成小块儿。
图依　好的。(切菜的声音) 菜都切好了。还要做什么？
烹饪老师　那把肉放进煎锅里炒。然后把菜放进去一起炒。

14課

马奇　周末我朋友来韩国，要一起吃饭。去哪儿好呢？
杰弗利　听说首尔餐厅很有名。
马奇　是吗？杰弗利，你也去过吗？
杰弗利　没有。我还没去过呢。不过，听说那家餐厅的烤肉很好吃。
马奇　我朋友会喜欢吗？
杰弗利　很多外国人去那儿吃饭，你朋友也会喜欢的。

15課

甘涛涯　亚力赛，你昨天过生日，都做什么了？
亚力赛　我去了趟韩国朋友家。朋友的妈妈让我去的。
甘涛涯　你吃了什么菜？
亚力赛　我喝了海带汤。听说韩国人过生日的时候喝海带汤。
甘涛涯　是吗？好喝吗？
亚力赛　嗯，很好喝。我喝了两碗。

16課

图依　这星期六你有时间吗？
张萍　没什么特别的事，怎么了？
图依　润雅说星期六要在大学路一起吃烤鸡排。
张萍　好的。约好几点见面了吗？
图依　六点半。但是星期六晚上会堵车的，咱们早点儿出发吧。
张萍　好的。周六见！

17課

快递公司职员　喂，您是在韩亚购物中心买的桌子吧？我们打算今天下午一点左右给您送去。
伊梨娜　我一点不在家，您能下午三点来吗？
快递公司职员　好的，那么我那时候去。

-过了一会儿-

快递公司职员　喂，你好！我是快递司机，我刚到您家附近。但是胡同太多，不好找您家。
伊梨娜　您现在在哪儿？
快递公司职员　我在国民超市前面。
伊梨娜　您从那儿一直往前走，从第一个胡同往右拐进来。

18課

马奇　亚图拉，你去哪儿？
亚图拉　我去梨泰院。因为我和朋友有约。
马奇　那你坐143路公交车吧。
亚图拉　坐公交车更好吗？我经常坐地铁。
马奇　坐公交车能直接到那儿，很方便。
亚图拉　托你的福，得到了好信息。谢谢！

19課

图依　周末，有个朋友结婚，我得去釜山参加婚礼。去釜山得坐什么？
智勋　你坐KTX或长途汽车吧。
图依　坐KTX需要坐多长时间？
智勋　大概两个小时四十分钟吧。
图依　你知道票价多少钱吗？
智勋　我不太清楚。不过上网去查，应该能查得到。

20課

- 电话铃响 -
王紫怡　喂，你好！杰弗利。
杰弗利　你好，紫怡！你怎么不来？我已经等你30分钟了。
王紫怡　对不起，我坐的公共汽车中途坏了，就下了车。所以我正在路上等公共汽车呢。
杰弗利　啊，是吗？那你什么时候能到？
王紫怡　恐怕得晚到20分钟左右吧。真不好意思。
杰弗利　好的，知道了，那我就等你来吧。

문법 설명

1과

-(으)ㄴ 지
since ..., from the time when ...
做(何事)....已经...了

Attached after a verb, this form expresses 'after doing a certain action'. '-(으)ㄴ 지' is followed by verbs like "(time)이/가 되다 'to become', 지나다 'to pass', 흐르다 'to pass by', and 넘다 'to exceed'"
位于动词的后面, 表示 '做某个动作后'的意思。-(으)ㄴ 지 "的后面有(시간이) 되다(到时间), 지나다(过), 흐르다(过去), 넘다(超过)" 等类的动词。

받침×, ㄹ 받침 + ㄴ 지	받침○ + 은 지
간 지 만든 지	읽은 지

- 한국어를 **공부한 지** 3 개월이 됐어요.
- 아침을 **먹은 지** 벌써 7시간이 지났어요.
- 서울에 **산 지** 10년이 됐어요.

(이)랑
and, (together) with ...
和/跟

This form is used to connect two or more nouns.
用于排列或者连接两个以上的名词。

- 오늘 아침에 빵**이랑** 우유**랑** 과일을 먹었어요.

Also, it is used after a noun denoting that the person or animal is involved in a certain action.
有时位于表示人或动物的名词后面, 表示那是一起做某种行为的对象。

- 친구**랑** 같이 영화를 보러 갈 거예요.

2과

반말: -아/어, (이)야
The intimate speech style
非敬语(卑称)

The intimate speech style is used when talking with a close friend or a socially lower person. However, it can be used with a very close socially higher person, like a family member, in a casual situation.
用于跟朋友等关系很近的人或晚辈说话的情况。当长辈是一个如家人一样关系很好的人, 那么在非正式的场合也可以使用。

	현재 present 现在	과거 past 过去	미래·추측 future/conjecture 未来·推测
동사 verb 动词 **형용사** adjective 形容词	-아/어 가 싫어	-았어/었어 갔어 싫었어	-(으)ㄹ 거야 갈 거야 싫을 거야
명사+이다 noun+이다 名词+이다	야/이야 친구야 선생님이야	이었어/였어 친구였어 선생님이었어	일 거야 친구일 거야 선생님일 거야

- 가: 지금 뭐 해?
  나: 밥을 **먹어**.
- 가: 신촌에 어떻게 가야 **돼**?
  나: 153번 버스를 **타**.
- 가: 배고프니까 우리 같이 밥 먹으러 **갈까**?
  나: 그래. 밥 먹으러 같이 **가**.
- 가: 저 사람은 누구**야**?
  나: 카오루 씨**야**.

Attached after a noun, '아/야' is used to address a person's name or call an animal or a thing as if it is a person.
"아/야" 放在名词的后面, 用于叫韩国人的名字或用于把动物或事物拟人化而叫其名字的时候。

받침× + 야	받침○ + 아
윤아야	지훈아

- 윤아**야**, 어디 갈 거야?
- 지훈**아**, 숙제했어?

Also, with the intimate style, '응(yes)' and '아니(no)' are used instead of '네(yes)' and '아니요(no)', and '나(I)' is used instead of '저(I)'. When you refer to a second person, you can use '너(you)'.
有时把 "네(是)"和 "아니요(不是)" 各自说成 "응"和 "아니", 把 "저(我)" 说成 "나", 指听话人的时候说 "너(你)"。

- 가: 이 영화를 봤어?
  나: **응**, 봤어. / **아니**, 안 봤어.

3과

-(으)ㄹ까요?[1]
Shall I ... ?
能不能.../可不可以...?

Attached after a verb, this sentence ending is used when the speaker asks the listener what he/she (the speaker) should do.
位于动词的后面, 当说话人为第一人称时, 表示向对方询问该怎么做。

받침× + ㄹ까요?	받침○ + 을까요?
갈까요?	먹을까요?

- 가: 제가 **도와줄까요**?
  나: 네, 고맙습니다.
- 가: 제가 뭘 **사 갈까요**?

나: 빵을 사 오세요.

–았으면/었으면 좋겠다
It would be good if ...
要是…就好了

Attached after a verb, adjective, or 'noun + 이다', this pattern expresses one's hope or wish.
位于动词, 形容词, '名词+이다'的后面, 表示希望或愿望。

ㅏ, ㅗ + 았으면	ㅓ, ㅜ, ㅣ... + 었으면	하다 → 했으면
갔으면 많았으면	먹었으면 적었으면	공부했으면 행복했으면

• 빨리 시험이 **끝났으면 좋겠어요.**
• 우리 가족 모두 **행복했으면 좋겠어요.**
• 집이 **넓었으면 좋겠어요.**
• 얼굴이 **예뻤으면 좋겠어요.**
• 부자**였으면 좋겠어요.**

4과

–는 동안, 동안
during ...., while ...
在...期间，在...的时候

Attached after a verb, '–는 동안' expresses the duration of an action. It can be attached after such nouns as '하루(one day)', '1년(one year)', '방학(vacation)', '학기(semester)', or '휴가(vacation)' to refer to the duration of the time.
位于动词的后面, 表示那件事情所持续的时间。表示办成某件事情所用的时间时, 把 "하루(一天), 1년(一年), 방학(放假), 학기(学期), 휴가(休假)" 等类名词放在 '동안' 的前面。

• 내가 빨래를 **하는 동안** 너는 청소를 해.
• 한국에서 **사는 동안** 한국 문화를 공부하고 싶어요.
• 방학 **동안** 영어 학원에 다닐 거예요.

(이)든지
whether it be (... or ... don't care)
什么都, 谁都

Used with such question words as 누구 'who' or 무엇 'what', this form expresses that any case would be fine.
与누구(谁), 무엇(什么)等类疑问代词一起使用, 表示无论在什么情况下都没有关系。

받침× + 든지	받침○ + 이든지
언제 → **언제든지**	무엇 → **무엇이든지**

• 저는 뭐**든지** 잘 먹어요.
• 시간이 있을 때 언제**든지** 오세요.
• 돈이 있으면 무엇**이든지** 살 수 있어요.

5과

–(으)려고 하다
intending to ...
想...

Attached after a verb, it is used to express the subject's/subjects' intention of doing an action.
位于动词的后面, 表示有意图做某一件事情。

받침× ㄹ 받침 + 려고 하다	받침○ + 으려고 하다
가려고 하다 만들려고 하다	먹으려고 하다

• 수업이 끝나고 영화를 **보려고 해요.**
• 설날에 한복을 **입으려고 해요.**
• 이번 주말에 생일 파티를 **하려고 해요.**
• 오늘 저녁에 불고기를 **만들려고 해요.**

–(으)ㄴ 다음에
After doing ...
在...以后 / 在...之后/然后

Attached after a verb to express that the following event occurs after the action in the previous clause is finished.
与动词结合, 表示前面动作结束以后再进行后面的动作。

Similar expression is '–(으)ㄴ 후에'.
与此类似的表达方式有 '–(으)ㄴ 후에'。

받침× ㄹ 받침 + ㄴ 다음에	받침○ + 은 다음에
간 다음에 만든 다음에	먹은 다음에

• 식사를 **한 다음에** 약을 드세요.
• 옷을 **입은 다음에** 화장을 했어요.
• 고향 음식을 **만든 다음에** 친구하고 같이 먹었어요.

6과

못
can not ...
不能/未能/没能/…不了

Attached after a verb, this form expresses that the subject does not have the ability to do a certain action, or the situation is not appropriate for doing the action.
位于动词的后面, 表示没有能力进行那一动作, 也表示文中的环境并不适合做那一动作。

• 저는 술을 **못 마셔요.**
• 한국어를 몰라서 한국 신문을 **못 읽어요.**
• 어제 고향에서 친구가 와서 **숙제를 못 했어요.**
• 내일 시험이 있어서 오늘은 **못 만나겠어요.**

–(으)ㄹ 때
when ...., at the time ...

...的时候

Attached after a verb, adjective, or 'noun+이다', this form expresses the duration of time for the action or the state.
位于动词, 形容词和 '名词+이다'的后面, 表示某一事情所持续的时间或做某一事情的时候。

	현재 present 现在	과거 past 过去
동사 verb 动词 형용사 adjective 形容词	-(으)ㄹ 때 갈 때 먹을 때 아플 때 적을 때	-았을/었을 때 갔을 때 먹었을 때 아팠을 때 적었을 때
명사+이다 noun+이다 名词+이다	일 때 친구일 때 학생일 때	이었을/였을 때 친구였을 때 학생이었을 때

- 저는 학교에 **올 때** 버스를 타고 와요.
- 머리가 **아플 때** 이 약을 드세요.
- 제주도에 **갔을 때** 비가 많이 왔어요.
- 저는 초등학생**이었을 때** 키가 작았어요.

7과

-지 말고
not ...ing (but instead ...)
别...

Attached after a verb, this pattern is used to suggest doing the following action instead of the previous action.
位于动词的后面, 用于向对方提议或规劝与其做前面所指行为不如做后一行为。

- 일을 많이 **하지 말고** 좀 쉬세요.
- 지금 **이야기하지 말고** 나중에 이야기할까요?

-기 전에
before ...
...之前/...以前

Attached after a verb, this pattern expresses that the action or the situation is preceding the event in the following clause.
位于动词的后面, 表示某一行为或状态先于前面所说的事件发生。

- 저희 집에 **오기 전에** 전화하세요.
- 밥을 **먹기 전에** 손을 씻어야 해요.

8과

-아도/어도 되다
one may do ...
可以.../ 能...

Attached after a verb, this pattern expresses allowing or permitting the action.
位于动词的后面, 表示允许做动词所指行为。

ㅏ, ㅗ + 아도 되다	ㅓ, ㅜ, ㅣ... + 어도 되다	하다 → 해도 되다
가도 되다	먹어도 되다	운동해도 되다

- 지금 **가도 됩니까**?
- 여기에 **앉아도 돼요**?
- 이곳에서는 요리를 **해도 됩니다**.

-(으)면 안 되다
one is not allowed to ...
不能.../不可以 ../不行

동사 뒤에 붙어서 그 행위를 금지함을 나타낸다.
Attached after a verb, this pattern expresses prohibition of the action.
位于动词的后面, 表示禁止做那一行为。

- 이 그림을 **만지면 안 됩니다**.
- 아이들은 이 약을 **먹으면 안 돼요**.
- 수업 시간에 음악을 **들으면 안 됩니다**.
- 여기에서 **놀면 안 돼요**.

9과

-기 때문에
because ...
因为

Attached after a verb, adjective, or 'noun +이다', this pattern expresses a certain reason for the following clause. Note that '-기 때문에' is not generally followed by command or suggestion sentences.
位于动词, 形容词, "名词+이다"的后面, 表示理由。"-기 때문에" 的后面不能是命令句或祈使句。

- 카오루는 책을 많이 **읽기 때문에** 아는 것이 많습니다.
- 저는 한국 문화에 관심이 **많기 때문에** 한국에 왔습니다.
- 그 사람은 유명한 가수**이기 때문에** 팬들이 많아요.
- 부모님이 한국에 **오셨기 때문에** 공항에 갔어요.

	현재 present 现在	과거 past 过去
동사 verb 动词 형용사 adjective 形容词	-기 때문에 가기 때문에 적기 때문에	-았/었기 때문에 갔기 때문에 적었기 때문에
명사+이다 noun+이다 名词+이다	이기 때문에 친구이기 때문에 선생님이기 때문에	이었기 때문에/였기 때문에 친구이었기 때문에 선생님였기 때문에

-기가 쉽다/어렵다/힘들다…
It is easy/difficult/hard to do…
…起来很容易/很难/…起来很累…

Attached after a verb, this pattern expresses that doing a certain action is hard/easy/difficult. Subject particle -가 is often omitted.
位于动词的后面，表示做那个动作"很容易/很难/很累"。常常省略助词"가"。

- 이 휴대 전화는 **사용하기가 쉬워요**.
- 이 가방은 무거워서 혼자 **들기가 힘들어요**.
- 길이 복잡해서 집을 **찾기 어려웠어요**.

10과

-는데/(으)ㄴ데[1]
but ...
…但是…

Attached after a verb, adjective, or 'noun + 이다', this form expresses that there is a contrast in meaning or the consequence is different from an expectation.
位于动词，形容词，"名词+이다"的后面，表示对比或者与期待的不一样。

	현재 present 现在	과거 past 过去
동사 verb 动词	**-는데** 가는데 먹는데	**-았는데/었는데** 갔나요? 적었나요?
형용사 adjective 形容词	**-(으)ㄴ데** 예쁜데 많은데	
명사+이다 noun+이다 名词+이다	**인데** 친구인데 선생님인데	**이었는데/였는데** 친구였는데 선생님이었는데

- 떡볶이는 잘 **먹는데** 김치는 못 먹어요.
- 오빠는 키가 **큰데** 저는 키가 작아요.
- 공책은 **있는데** 볼펜은 없어요.
- 아빠는 부자**인데** 아들은 부자가 아니에요.
- 카오루는 기숙사에 **사는데** 마키는 원룸에 살아요.
- 러시아는 **추운데** 한국은 따뜻해요.
- 초등학교 때는 공부를 **잘했는데** 지금은 못해요.

-(으)ㄹ 거예요
probably (will) ...
会…(的)/可能…

Attached after a verb, adjective, or 'noun + 이다', this form expresses the speaker's conjecture.
位于动词，形容词，"名词+이다"的后面，表示说话人的推测。

받침×, ㄹ 받침 + ㄹ 거예요	받침○ + (으)ㄹ 거예요
갈 거예요 만들 거예요	먹을 거예요

- 압둘라 씨는 식당에서 밥을 먹고 **있을 거예요**.
- 청바지에 흰 티셔츠를 입으면 **예쁠 거예요**.
- 간토야 씨 집이 아마 **멀 거예요**.
- 내일 날씨가 아마 **추울 거예요**.
- 장핑 씨는 어제 중국에 **갔을 거예요**.

11과

-(으)면서
while ..., at the same time that ...
一边…一边…

Attached after a verb, this form expresses that the preceding and following actions are happening at the same time.
位于动词的后面，表示前面的内容和后面的内容是同时进行的。

받침×, ㄹ 받침 + 면서	받침○ + 으면서
가면서 만들면서	먹으면서

- 가수가 춤을 **추면서** 노래를 하고 있어요.
- 밥을 **먹으면서** TV를 봐요.
- 친구하고 음식을 **만들면서** 이야기를 해요.
- 음악을 **들으면서** 운동을 해요.

-(으)ㄹ 줄 알다/모르다
know/don't know how to do ...
会…/不会…

Attached after a verb, this form expresses that the subject knows/does not know how to do something, or has/does not have the ability.
位于动词的后面，表示是否知道做某件事的方法，或者表示是否具有某种能力。

받침×, ㄹ 받침+ ㄹ 줄 알다/모르다	받침○ + 을 줄 알다/모르다
운전할 줄 알다/모르다 만들 줄 알다/모르다	읽을 줄 알다/모르다

- 가: 피아노를 **칠 줄 알아요**?
  나: 네. **칠 줄 알아요**.
- 가: 한자를 **읽을 줄 알아요**?
  나: 아니요. **읽을 줄 몰라요**.
- 가: 김밥을 만들어 주세요.
  나: 미안해요. 저는 김밥을 **만들 줄 몰라요**.

12과

–(으)려고
intending to ...
要…

Attached after a verb, this form expresses the purpose of the action.
位于动词的后面，表示目的。

받침×, ㄹ 받침 + 려고	받침○ + 으려고
가려고 살려고	먹으려고

- 결혼식에 **가려고** 정장을 샀어요.
- 친구랑 같이 **먹으려고** 케이크를 만들었어요.
- 학교 근처에 **살려고** 방을 찾고 있어요.
- 좀 **걸으려고** 공원에 가요.

–(으)ㄹ지 –(으)ㄹ지
(don't know) either ... or ...
…还是…

Attached after two or more verbs, this form expresses that the subject has not decided what to do among the actions.
和两个以上的动词一起使用，表示还没决定好在两个里面选择哪一个。

받침×, ㄹ 받침 + ㄹ지	받침○ + 을지
갈지 만들지	읽을지

- 머리를 **자를지** 계속 **기를지** 아직 결정하지 못했어요.
- 치마를 **입을지** 바지를 **입을지** 고민이에요.
- 계속 이 집에서 **살지** 이사를 **할지** 고민이에요.

13과

–게
-ly
...得

Attached after an adjective, it expresses the way or degree of the following action.
位于形容词后面，表示后面所指行为的方法或程度。

- 사진을 찍을 때 **예쁘게** 웃으세요.
- 글씨를 좀 **크게** 써 주세요.
- 머리를 **짧게** 잘랐어요.

–(으)ㅂ시다
Let's ....
...吧

Attached after a verb, this ending is used for suggesting doing something together to a socially lower or similar person.
位于动词后面，用于向晚辈或关系对等的平辈建议或要求做某种行为。

받침×, ㄹ 받침 + ㅂ시다	받침○ + 읍시다
갑시다 만듭시다	먹읍시다

- 주말에 고향 음식을 **만듭시다**.
- 여기에 **앉읍시다**.
- 많이 먹었으니까 좀 **걸읍시다**.

14과

–(으)ㄹ까요?[2]
Could it be true ...?
...吗? /是....吗?/会....吗?

Attached after a verb or adjective, this ending expresses the speaker's suspicion or doubt.
位于动词或形容词的后面，表示说话人的疑问或怀疑。

받침× + ㄹ까요?	받침○ + 을까요?
갈까요? 예쁠까요?	먹을까요? 많을까요?

- 내일 비가 **올까요**?
- 내일 날씨가 **좋을까요**?
- 그 사람이 한국 사람**일까요**?
- 다음 시험이 **어려울까요**?
- 그 사람이 시험에 **합격했을까요**?

–다고 하다
I heard that ..., They say that ...
听说.../听....说

Attached after a verb, adjective, or 'noun + 이다', this form is used to deliver what the speaker has heard/seen from somewhere else.
位于动词，形容词，'名词+이다'的后面，用于转告听别人说的话。

	현재 present 现在	과거 past 过去	미래·추측 future/conjecture 未来·推测
동사 verb 动词	**–는/ㄴ다고** 간다고 먹는다고	**–았다고/었다고** 갔다고 먹었다고	**–(으)ㄹ 거라고** 갈 거라고 먹을 거라고
형용사 adjective 形容词	**–다고** 예쁘다고 많다고	**–았다고/었다고** 예뻤다고 많았다고	**–(으)ㄹ 거라고** 예쁠 거라고 많을 거라고
명사+이다 noun+이다 名词+이다	**(이)라고** 친구라고 선생님이라고	**이었다고/였다고** 친구였다고 선생님이었다고	**일 거라고** 친구일 거라고 선생님일 거라고

- 장핑 씨가 고향 음식을 자주 **먹는다고 했어요**.
- 사람들이 제주도가 **아름답다고 해요**.
- 지훈 씨가 내일이 자기 생일**이라고 해요**.
- 마키 씨가 고향 음식을 자주 **만든다고 했어요**.
- 투이 씨가 방학에 고향에 갈 **거라고 해요**.
- 윤아 씨가 지난 주말에 제주도 여행을 **했다고 했어요**.

15과

-냐고 하다
He/She/They ask(s) that ...
问~不~.../问是不是...

Attached after a verb, adjective, or 'noun + 이다', this form is used to deliver another person's question to the listener.
位于动词, 形容词, '名词+이다'的后面, 用于转达别人曾提问过的内容。

	현재 present 现在	과거 past 过去	미래·추측 future/conjecture 未来·推测
동사 verb 动词	**-냐고** 가냐고 먹냐고	**-았냐고/었냐고** 갔냐고 먹었냐고	**-(으)ㄹ 거냐고** 갈 거냐고 먹을 거냐고
형용사 adjective 形容词	**-냐고** 예쁘냐고 많냐고	**-았냐고/었냐고** 예뻤냐고 많았냐고	
명사+이다 noun+이다 名词+이다	**(이)냐고** 친구냐고 선생님이냐고 친구인데 선생님인데	**이었냐고/였냐고** 친구였냐고 선생님이었냐고 친구였는데 선생님이었는데	

- 선생님이 저한테 고향 음식을 자주 **먹냐고** 했어요.
- 한국 사람들이 저한테 왜 한국어를 **공부하냐고** 해요.
- 친구 이름이 뭐**냐고** 물었어요.
- 고향이 어디**냐고** 물었어요.
- 왕쯔이 씨가 무슨 음식을 **만드냐고** 질문했어요.
- 지훈 씨가 그 영화가 **재미있었냐고** 했어요.
- 선생님이 저한테 방학에 고향에 **갈 거냐고** 해요.

-(으)라고 하다
He/She/They command(s)/propose(s) that ...
让...做...

Attached after a verb, this form is used to indirectly deliver another person's request or demand to other people.
位于动词的后面, 用于间接地转告别人的邀请或要求。

받침×, ㄹ 받침 + 라고	받침○ + 으라고
가라고 만들라고	먹으라고

- 어머니가 동생한테 열심히 **공부하라고 해요.**
- 선생님이 저한테 책을 **읽으라고 했어요.**
- 선생님이 학생들한테 문장을 **만들라고 했어요.**

'-아/어 주세요' should be changed into '-아/어 달라고 하다'.
'-아/어 주세요' 可用作 '-아/어 달라고 하다'。

- 윤아 씨가 저한테 이사할 때 **도와 달라고 했어요.**

16과

-자고 하다
He/She/They suggest(s) that...
说....一起做...

Attached after a verb, this form is used to deliver a suggestion or an offer that the subject has heard from another person.
位于动词的后面, 表示通过别人听到的劝解或提议。

- 가: 간토야 씨가 뭐라고 했어요?
  나: 간토야 씨가 저한테 내일 영화를 보러 **가자고 했어요.**
- 가: 언니가 뭐라고 했어요?
  나: 이따가 같이 밥을 **먹자고 했어요.**

-(으)ㄹ 테니까[1]
since it is the expectation that ...
会....的

Attached after a verb or an adjective, this form expresses the speaker's strong assumption. The subject of the preceding clause cannot be the first person (I) and the following clause is about asking the listener to do something with the speaker or by himself/herself.
位于动词和形容词的后面, 表示说话人的推测, 推测语气很强。前一分句的主语不能是第一人称, 后一分句的内容主要是向听话人提议如何做或命令怎么做。

받침× + ㄹ 테니까	받침○ + 을 테니까
갈 테니까 예쁠 테니까	먹을 테니까 많을 테니까

- 이따가 비가 **올 테니까** 우산을 가지고 가세요.
- 주말에는 사람이 **많을 테니까** 평일에 갑시다.
- 밤에 **추울 테니까** 따뜻한 옷을 입으세요.
- 등산을 가면 많이 **걸을 테니까** 편한 신발을 신고 오세요.

17과

-지요?
It seems to me that ..., I bet ...
...吧?

This form is used when the speaker believes that the listener already knows about a certain fact or the speaker confirms something with the listener.
当说话人确信听话人是已经知道了某个事实而询问的时候使用, 或者是当说话人确认已知信息的时候也可使用。

	현재 present 现在	과거 past 过去
동사 verb 动词 형용사 adjective 形容词	**-지요?** 가지요? 먹지요? 따뜻하지요? 많지요?	**-았지요/었지요?** 갔지요? 먹었지요? 따뜻했지요? 많았지요?
명사+이다 noun+이다 名词+이다	**(이)지요?** 친구(이)지요? 선생님이지요?	**이었지요/였지요?** 친구였지요? 선생님이었지요?

• 가: 지금 기숙사에서 **살지요?**
 나: 네, 기숙사에서 살아요.
• 가: 김치가 **맵지요?**
 나: 네, 매워요.
• 가: 오늘이 **한글날이지요?**
 나: 네, 맞아요. 오늘이 한글날이에요.
• 어제 비가 많이 **왔지요?**
• 가: 방학 때 고향에 **갈 거지요?**
 나: 네, 가려고 해요.

-다가
while ...
...的路上/...的时候/一直...来着

Attached after a verb, this form expresses that an action or a state is discontinued, and is changed into an another action or a state.
位于动词的后面, 当某个行为或状态被中断, 转而做其它行为或变成另一个状态时使用。

• 집에 **가다가** 친구를 만났어요.
• 축구를 **하다가** 다리를 다쳐서 병원에 갔어요.
• 기숙사에서 **살다가** 원룸으로 이사했어요.

18과

-(으)ㄴ 덕분에 / 덕분에
thanks to ...
承蒙 / 多亏/托~~的福

Attached after a verb, '-(으)ㄴ 덕분에' expresses the reason for thankfulness or good results.
位于动词的后面, 表示道谢的原因或发生好事的原因。

받침×, ㄹ 받침 + ㄴ 덕분에	받침○ + 은 덕분에
도와준 덕분에 만든 덕분에	읽은 덕분에

• 친구가 **도와준 덕분에** 좋은 집을 찾았어요.
• 책을 많이 **읽은 덕분에** 많은 것을 알게 되었어요.

when the preceding word is a noun, "Noun + 덕분에" form is used.
前面的词语是名词的时候, 用作'名词+덕분에'。

• 선생님 **덕분에** 한국어를 잘하게 되었어요.
• 친구 **덕분에** 이사할 때 어렵지 않았어요.

-거든요
as you know ...
是因为

Attached after a verb or an adjective, '-거든요' expresses that what is being said is the reason for something.
位于动词和形容词的后面, 表示其内容就是理由。

	현재 present 现在	과거 past 过去
동사 verb 动词 형용사 adjective 形容词	**-거든요** 가거든요 먹거든요 따뜻하거든요 많거든요	**-았거든요/었거든요** 갔거든요 먹었거든요 따뜻했거든요 많았거든요
명사+이다 noun+이다 名词+이다	**(이)거든요** 친구(이)거든요 선생님이거든요	**이었거든요/였거든요** 친구였거든요 선생님이었거든요

• 가: 왜 공항에 가요?
 나: 부모님이 **오시거든요.**
• 가: 왜 그 집으로 이사했어요?
 나: 그 집이 싸고 **조용하거든요.**
• 백화점에 가서 선물을 사야 해요. 내일이 어머니 생일**이거든요.**
• 어제 등산을 못 갔어요. 비가 **왔거든요.**

19과

-(으)려면
If one intends to ...
如果要~~/ 要想~~的话

This is a contracted form of '-(으)려고 하면'. This form is attached after a verb to express the subject's intention of doing a certain action.
这是 '-(으)려고 하면'的缩略形式, 位于动词的后面, 表示有意愿去做那件事情。

받침×, ㄹ 받침 + 려면	받침○ + 으려면
가려면 만들려면	먹으려면

• 한국어를 **잘하려면** 연습을 많이 하세요.
• 장학금을 **받으려면** 열심히 공부해야 해요.
• 통장을 **만들려면** 외국인 등록증을 가지고 오세요.

-는지/(으)ㄴ지 알다/모르다
know/don't know if ...
知道/不知道...

Attached after a verb, adjective, or 'noun + 이다', this form is used to express that the subject knows or doesn't know a certain fact. This form is used with such question words as '언제(when)', '어디(where)', '누구(who)', '왜(why)', '무엇(what)', '어떻게(how)', '얼마나(how much)', or '몇(how many)'.
位于动词, 形容词, '名词+이다'的后面, 表示对某一个事实的知道与否。同 '언제, 어디, 누구, 왜, 무엇, 어떻게, 얼마나, 몇...' 等疑问代词一起使用。

	현재 present 现在	과거 past 过去
동사 verb 动词	**-는지** 가는지 먹는지	**-았는지/었는지** 갔는지 먹었는지
형용사 adjective 形容词	**-(으)ㄴ지** 예쁜지 많은지	**-았는지/었는지** 예뻤는지 많았는지
명사+이다 noun+이다 名词+이다	**인지** 친구인지 선생님인지	**이었는지/였는지** 친구였는지 선생님이었는지

- 가: 여기에서 시내까지 어떻게 **가는지 알아요**?
  나: 아니요. 어떻게 **가는지 몰라요**.
- 한라산이 얼마나 **높은지 알아요**?
- 제프리 씨가 어느 나라 사람**인지 알아요**?
- 불고기를 어떻게 **만드는지 알아요**?
- 가: 제프리 씨가 어제 학교에 왜 안 **왔는지 알아요**?
  나: 네. 왜 안 **왔는지 알아요**. 급한 일이 있어서 못 왔다고 해요.

20과

(이)나

as many/much as

竟然

Attached after a noun, this form expresses that an amount is more than expected or quite a lot.

位于名词后面，用于表示数量超过了事先预想的程度，也用于数量比较多的情况。

받침× + 나	받침○ + 이나
열 개나	열 번이나

- 강아지를 좋아해서 집에 강아지가 열 **마리나** 있어요.
- 목이 말라서 물을 다섯 **잔이나** 마셨어요.
- 그 책이 재미있어서 세 **번이나** 읽었어요.

-았다가/었다가

and then...

...以后

Attached after a verb, this form expresses that an action is finished and that another action is started.

位于动词的后面，表示结束一个行为后接着做下一个行为。

ㅏ, ㅗ + 았다가	ㅓ, ㅜ, ㅣ... + 었다가	하다 → 했다가
갔다가	열었다가	예약했다가

- 지하철을 잘못 타서 **탔다가** 내렸어요.
- 문을 **열었다가** 추워서 닫았어요.
- **예약했다가** 취소했어요.

어휘 목록

ㅈ

ㅊ